수고했어 오늘도
내일도 화이팅

살아있는 한,
인생학교에는 졸업이 없다

살아있는 한,
인생학교에는
졸업이 없다

초판 1쇄 발행 2018년 9월 28일
초판 2쇄 발행 2018년 9월 30일

지은이   조완욱
펴낸곳   함께북스
펴낸이   조완욱

등록번호   제1-1115호
주소   412-230 경기도 고양시 덕양구 행주내동 735-9
전화   031-979-6566~7
팩스   031-979-6568
이메일   harmkke@hanmail.net

ISBN 978-89-7504-687-2   03810

살아있는 한,

인생학교에는
졸업이 없다

조완욱 지음

함께
BOOKS

　　1987년, 출판사의 영업부에 입사했다. 출판에 대한 어떤 사명감이나 전문지식이 있었던 것은 아니었지만 당시 나의 생활은 앞으로의 진로를 탐색이나 하며 보낼 만큼 경제적인 여유가 없었다. 당시 아내는 임신 중이었다. 출판 영업으로 보낸 시간은 정말 즐거웠다. 좋은 사람들을 선·후배 또는 동료로서 많이 만났으며 그들과 함께 월 말이면 전국에 있는 서점들을 방문하여 판촉 활동을 하였는데 우리나라 곳곳에 그들과 함께한 추억들이 내 마음속에 간직되어 있다. 지금도 그들은 인생을 풍요롭게 하는 소중한 사람들이다.

1990년, 도서출판 '함께'라는 상호로 출판 등록을 하고, 출판사 대표가 되었다. 대표라지만 직원도 없고 사무실도 없이, 근무하던 출판사에 무작정 사표를 던지고 살고 있던 월세 단칸방에서 시작한 일이었기에 하루하루 밥이나 축내는 놀고먹는 실업자나 마찬가지였다. 출판사 영업사원을 하면서 나도 출판으로 성공할 수 있다는 자신감으로 시작했지만 막상 맨땅에 헤딩이라도 할 책을 만들 원고가 준비되어 있지 않았고 나만 바라보는 아내와 3살 딸이 있었다. 당시 우리나라의 출판 시장은 기네스북에 기록될 정도로 많이 판매된 서정윤 시인의 《홀로서기》를 비롯하여 지금은 문화체육부 장관인 도종환 시인의 《접시꽃 당신》, 《산골소녀 옥진이》 등의 시집이 밀리언셀러가 될 정도로 시집 전성시대였다.

나 역시 다른 장르에 비해 원고 수집이 수월한 시집으로 출판을 시작하였는데 기성작가들보다는 대학생이나 아마추어 젊은이들이 집필한 원고를 기획하고 섭외하였다. 이유는 서점에서 독자의 성향을 분석한 결과 시집을 구입하는 고객의 대부분이 젊은이들이라는 점과 출판 계약 문제 등 초기 자본이 많이 투자되지 않아도 된다는 생각 때문이었다. 아마추어 작가는 자기 이름으로 책이 나온다는 사실만으로도 세상에서 가장 행복한 사람이 될 수 있었다.

　내가 기획한 것은 〈히아신스 시집〉이라는 시집 시리즈였는데 출판사를 개업하고 채 3년도 안 되어 10번째로 발간한 시집 《친구라 하기엔 너무 커버린 사랑》이 당시 종로서적, 교보문고, 양우당 등 대형서점에서 종합 베스트셀러 1위에까지 오르며 밀리언셀러를 기록했다. 이후에 만드는 시집들 역시 20만 부 이상 판매되며 〈히아신스 시집〉은 학생들의 인기를 얻었다. 우등생이 공부가 가장 쉽다고 말하듯이 나 또한 세상에서 가장 쉬운 일이 돈 버는 일 같았다.

　1997년, 금융 한파 IMF의 영향은 출판시장에도 세차게 몰려왔다. 많은 서점들이 문을 닫았고 서점에서 책 판매대금으로 받은 약속어음들이 줄줄이 부도가 났다. 나 또한 이 시점에서 갈등하지 않을 수 없었다.

　나도 거래처에 지급한 어음의 변제를 하지 않고 이대로 출판사를 접을까. 어차피 내가 발행한 것도 아니고 서점이 부

도가 나서 나 역시 피해를 본 것 아닌가.'

부도 여파는 출판사뿐 아니라 인쇄소, 제본소, 지류 업체 등 협력업체 전반적으로 연쇄부도의 위기에 처해있었다.

그러던 어느 날, 제본대금으로 지급한 부도 처리된 약속 어음을 들고 '신광제본소' 김 사장님이 잔뜩 기가 죽은 모습으로 나를 찾아왔다.

신광제본 김 사장님은 용산에서 큰 제본회사를 운영하다 화재로 모든 것을 잃고 몇 년후 신수동의 어느 건물 지하에서 재기하셨는데, 신수동 일대에 홍수가 나서 1층에까지 물이 잠기는 통에 또다시 모든 것을 잃고 또 다시 시작했을 무렵이었다. 나는 차마 김 사장님께 절망적인 말을 할 수가 없었다. 김 사장님께 다음과 같이 말한 것 같다.

"사장님, 염려하지 마세요. 제가 배운 게 출판밖에 없는데 내가 가진 것 정리해서 모든 거래처에 깨끗하게 해결하고 다시 시작할 겁니다."

하필이면 왜 김 사장님이었을까?

김 사장님도 배운 게 제본밖에 없었을까?

그때, 출판업을 접었다면 지금쯤은 이미 벌어놓은 자금으로 다른 업종의 일을 하고 있지 않을까 하는 생각이 든다. 그렇다면 나는 지금 어떻게 변해있을까?

가보지 않은 길에 대한 미련이 요즘처럼 출판 사업이 어렵다 보니 불쑥불쑥 고개를 든다.

2017년, 출판 사업을 시작하던 30년 전의 불같은 열정도, 사방에서 부도 소리가 들려오던 20년 전의 그때처럼 크게 혼란을 느끼지 못하고 시간이 흘렀다. 출판은 당연히 내가 해야 할 일이었고 이미 습관이 되어 책을 읽을 때면 반드시 빨간 펜이 손에 있어야 하는 '직업은 못 속이는 사람'이 되어 있었다.

8월, 뇌졸중으로 쓰러졌다. 병원에 입원하고 치료를 받으며 졸지에 나는 출판사 대표에서 환자가 되어 있었다.

자신의 몸이 탈것을 모르는 채 불 속을 뛰어드는 불나방처럼, 낚싯줄에 매달린 먹이를 삼킴으로 졸지에 자신의 생명이 다른 세계로 이동될 것을 모르는 물고기처럼 나도 모르게 죽음이 다가와 기다리고 있는 것만 같았다.

⋮

재활치료를 받는 동안 시간이 많은 것을 이유로 글을 써서 책을 만들어보기로 결심한 후, 글을 구상하던 참에 병원 내 독서실에 비치되어 있던 명언 집을 읽게 되었다. 위대한 인물들의 온갖 경험과 지식을 통해 남긴 명언에 나의 생각을 첨가하여 해석함으로써 인생을 알차게 살다 간 위인들의 사랑, 꿈, 직업관, 행복, 인생관 등 그들의 진솔한 삶의 한 단면을 분석해보는 작업도 나름 유익한 일이라는 생각이 들어 책의 제목을 《살아 있는 한, 인생학교에는 졸업이 없다》로 정하고 글을 쓰기 시작했다.

끝으로 출판계에 들어온 해에 태어난 딸 승현이가 얼마 전에 멋진 놈을 만나 결혼했고, 출판사를 시작하던 해에 태어난 아들 녀석 성준도 예쁜 색시를 만나 결혼하여 잘 살고 있다. 부모로서 어느 정도 숙제를 마친 것 같아 다행으로 생각한다. 함께 같은 문제의 숙제를 받아 들고 때론 정답에 기뻐하고 오답에 가슴 아파한 아내 애숙에게 두고두고 고마움을 전하리라.

Contents

prologue 4

PART
01

인생학교에는 졸업이 없다

PART
02

오늘 하자

PART
03

올라갈 때가 있으면 내려갈 때가 있다

PART
04

꿈꾸는 방향으로 진군하라

PART
05

행복의 발견

인생학교에는
졸업이 없다

He who learns but dose not think, is lost!
he who thinks but does not learn is in great danger.

배우기만 하고 생각하지 않으면 얻는 것이 없고,
생각만 하고 배우지 않으면 매우 위험하다.

오늘 그것을 못하면
내일은 어떻게 할 수 있겠는가

You may delay, but time will not.

당신은 멈출 수도 있지만 시간은 그렇지 않을 것이다.

인간의 삶은 끊임없이 오늘이라는 강물에 노를 담그고 앞으로 저어갈 뿐입니다. 어제는 이미 우리 곁을 스쳐 지나간 흘러간 강물처럼 다시는 되돌아올 수 없습니다. 또한 내일은 아직 오지 않은, 어떤 모습으로 나타날지 알 수 없는 세상입니다. 이렇듯 우리의 곁에서 함께하고 있는 삶은 오늘입니다. 그러므로 우리는 영원히 오늘이라는 강물만을 만날 수 있고 그곳에 노를 담그고 저어 갈 뿐입니다. 하지만 사람들은 이미 지나간 어제를 생각하며 아쉬워하고, 아직 오지 않은 내일을 아무런 대책 없이 막연하게 기다리며 인생의 모든 성패가 결정되는 가장 중요한 오늘을 의미 없이 흘려보냅니다. 이미 지나간 어제의 슬픔으로 오늘을 슬프게 보내거나 허황된 내일의 꿈을 꾸며 오늘의 일을 하찮게 생각하는 것은 어리석은 삶의 방식입니다.

그렇다면 오늘 해야 할 일과 특히 다른 사람에게 도움을 줄 수 있는 좋은 일은 결코 내일로 미루어서는 안 됩니다. 왜냐하면 내일 일은 아무도 알 수 없기 때문입니다. 특히 인간의 삶에 아무런 통보나 기척도 없이 찾아오는 죽음은 어떠한 자비도 베풀지 않으며 오늘 우리가 그 일을 하지 못한 이유를 전혀 묻지도 따지지도 않고 시도 때도 없이 찾아오는 불청객입니다. 그러기에 때가 늦은 상태에서는 어찌할 도리가 없습니다.

오늘 배울 것과 이루어야 할 일은 절대로 내일로 미뤄서는 안 됩니다. 오늘 해야 할 일을 내일로 미루어서 낭패를 본 사람들은 오늘의 의미를 절실하게 깨달았겠지만 그 깨달음 또한 무심히 흘려보낸다면 그것 또한 습관이 됩니다.

오늘 그것을 못하면 내일은 어떻게 그것을 할 수 있을까요.

삶이라는 짐의 무게

It's not the load that breaks you down,
it's the way you carry it.

당신을 무너뜨리는 것은 짐이 아니라
당신의 짐을 지는 방식이다.

누구나 인생길에 각자의 짐을 짊어지고 살아갑니다. 하지만 어떤 태도와 마음가짐을 가지느냐에 따라 느끼는 그 무게감이 크게 다를 수 있습니다. 하는 일이 즐겁고 사람들과의 관계가 원활하다면 자신이 짐을 진 것조차 잊어버릴 때가 있을 정도로 가볍지만, 부정적인 생각이 지배하고 삶이 버겁다고 느낀다면 매 순간 자신이 짊어진 짐이 괴로울 것입니다.

사실 현실적으로 많은 사람들이 과도한 사교육비, 실직, 불황 등의 문제로 막연히 자신의 삶이 불행해지지는 않을까 하는 생각으로 삶의 무게에 버거움을 느낍니다. 나 또한 겉으로는 자신만만한 듯 주위 사람들을 대하고 행동하지만 그것 또한 불안한 마음을 숨기려는 것에서 도출되는 행동이라는 것을 나 자신 스스로는 너무나 잘 알고 있습니다.

전자책, 스마트 폰, 온라인 서점의 활성화 등 출판시장의 변화는, 나에게 어느 정도 생활의 안정과 출판사업의 보람을 지킬 수 있게 해주었던 오프라인 서점에 독자들의 발길이 급격하게 줄어드는 요인이 되었습니다.

책은 서점에서 구입하여 종이 책으로 책장을 넘기며 읽어야 제맛이라고, 어쩌면 시대에 맞지 않는 힘없는 항변으로 시대에 맞춰 변화하지 못한 출판사 대표로서의 어려움을 궁색하게 변명해 보지만 사실은 나의 게으름에 대한 스스로의 질타임을 잘 알고 있었습니다. 이러한 미래에 대한 부정적인 생각은 지저분한 먼지가 소리 없이 창문틀에 내려앉듯이, 어느새 내 마음속에 들어앉아 내 삶의 짐에 무게를 더하고 있었나 봅니다. 이렇게 마음의 먼지가 쌓이고 두터워진 나에게 갑자기 병이 찾아왔습니다. 갑자기 찾아온 뇌졸중이라는 병에 나의 가족들은 당황했고 슬퍼했지만, 병세가 호전되어 의식을 회복한 나의 마음속에는 안전한 피난처를 찾아 숨어들었다는 생각에 솔직히 한 편으로는 무겁게 가슴을 짓누르던 삶의 짐을 내려놓고 나만을 위한 시간을 가져보자는 생각이 들어 마음이 편하고 여유로웠다는 것을 가족들에게는 미안하지만 고백합니다. 더욱 소중한 시간이었던 것은 실로 오랜만에 시간을 아끼지 않고 독서를 할 수 있었다는 것입니다. 독서는 정말 많은 위안과 삶의 짐을 내려놓을 수 있게 하였습니다. 특히, 위인들의 명언 집은 많은 생각을 정리할 수 있게 하였고 이 책을 기획하게 된 계기가 되었으며 빨리 퇴원하여 일을 하고 싶다는 생각을 갖게 해 주었습니다.

어느날 갑자기 내게 주어진 그 시간은 습관적인 생활에 무기력하게 침몰되어 세상의 변화를 올바르게 인식할 수 없었음을 깨닫게 한 소중한 시간이었습니다. 이제부터라도 변화하는 세상을 꾸준히 배워나간다면 내가 짊어진 삶의 짐이 한결 가벼워질 것입니다.

정해진 시간 내에 끝내라

We didn't lose the game; we just ran out of time.
우리는 경기에 진 게 아니다; 시간이 부족했을 뿐이다.

실패한 사람에게도, 경기에 패한 사람들에게도 체면을 살릴 수 있는 기회는 필요하지만 그것은 아쉽고 아픈 마음을 조금 달래줄 위로의 시간일 뿐 사실은 공허한 메아리 같은 것입니다. 승부에는 자신의 실력을 마음껏 분출할 수 있는 운동장 내에서 시간 내에 성패를 결정해야 합니다. 대부분의 일은 시한이 정해져 있으며 주어진 시간 내에 일을 처리해야 인정받을 수 있고, 승리자가 될 수 있습니다.

2018 러시아 월드컵에서 우승 후보로 손꼽히던

강팀들이 줄줄이 탈락의 고배를 마시고 자신의 가치를 한층 높일 수 있었던 기회의 땅 러시아를 떠나야만 했습니다.

TV를 통해 스포츠 경기를 시청하다 보면 시간이 얼마 남지 않은 상황에서 리드를 당하고 있는 팀이 최후의 필사적인 공격으로 승부를 뒤집기 위해 사투를 벌이는 모습을 볼 수 있습니다. 그러나 주심의 경기 종료 휘슬은 어김없이 경기 시간이 끝났음을 알립니다. 이후의 시간은 아쉽지만 아무도 관심을 기울이지 않습니다.

경기가 끝난 후, 생각해 보면 자신의 행동에 잘못하고 실수했던 순간이 마음에 남아 그 순간을 돌아보게 합니다. 그때 온 힘을 기울여 골인을 성공시키지 못한 것이 못내 아쉬움으로 남기도 하고, 그 선수의 볼을 막을 수 있었는데 그것을 막지 못한 자신의 실수에 가슴 아파합니다.

나에게 주어진 일에서 만족을 얻기 위해서는 관련된 일에 시간을 우선 배정해야 합니다. 지나친 욕심으로 여러 가지 일을 한꺼번에 하려고 한다면 정말 중요한 일을 제대로 할 수 없게 됩니다. 중요한 일을 우선순위에 두지 않고 다른 일로 허비하면 그만큼 꼭 해야만 하는 일에 투자할 수 있는 시간이 부족해질 수밖에 없습니다. 따라서 한정된 에너지를 어떻게 효율적으로 활용하느냐에 따라 승패가 결정됩니다. 그렇다면 이 순간 우리는 무엇을 하는 것이 승리할 수 있는 일일까요?

그것은 바로 이 순간에 있어서 꼭 해야만 하는 일에 우리가 가진 모든 힘을 발휘해야 하는 것입니다.

걱정하지 말아요, 함께 가요

Why worry?
If you've done the very best you can,
worring won't make it any better.

왜 걱정하세요?
당신이 할 수 있는 모든 최선을 다한 거라면,
걱정한다고 해도 더 나아지지 않을 텐데요.

"힘들어서 안 되겠어, 이젠 더 이상 어쩔 도리가 없어."

인생을 살다 보면 버거운 삶의 무게에 눌려 자책하거나 자기 자신 스스로에게 모질게 구는 경우를 간혹 볼 수 있습니다. 하지만 이러한 행동이 결코 자신의 삶에 도움이 되지 않는다는 것을 누구보다도 자기 스스로 잘 알고 있습니다.

어느 누구의 삶이라도 돌이켜 생각해 보면 지금까지 오기까지 힘든 경우가 있었을 것입니다. 하지만 지금은 기억도 가물가물하게 그때 그 힘든 시간들이 지나가 버리지 않았나요?

⋮

더욱이 중요한 사실은 스스로의 힘으로 여기까지 왔다는 것입니다. 이처럼 지금의 어려움도 당신의 노력 앞에 곧 아무 일 없었다는 듯 지나갈 것입니다. 지난 일에 대해 스스로 자학하지 않더라도 우리를 괴롭힐 상황들은 끊임없이 우리의 인생 앞에 시도 때도 없이 나타나 두 팔을 벌려 길을 막을 것입니다.

내 일만 잘 풀리지 않고, 나만 불행하고 모두들 행복해 보이는 것 같지만 대부분의 사람들이 매일매일 치열하게 마치 전투를 치르듯이 각자의 인생을 살아내고 있습니다. 힘들다고 자신에게 모질게 구는 행동 또한 누군가에게 자기가 있다는 것을 잊지 말라는 외로움의 표현 아닐까요?

인간은 외로운 존재입니다. 힘들 때에는 묵묵히 바라보는 친구의 눈빛이 위로가 되는 것처럼, 힘들고 외로운 이들에게는 사소한 위로의 말, 응원의 메시지, 한 마디 격려도 살아가는 이유가 되고 큰 힘이 됩니다. 누군가의 인생의 짐을 함께 질 수는 없겠지만 자신의 길에 함께하는 누군가가 있다는 안도의 마음만으로도 인생의 짐이 한결 가벼워질 수 있습니다.

⋮

같은 시기, 같은 세상을 함께 살아가고 있는 이웃에게 따뜻하고 친절한 말로 힘을 불어넣어 주세요. 당신이 이 세상에서 중요한 이유는 당신의 행동이 크든 작든 서로의 삶에 영향을 끼치고 그들의 삶과 맞닿아 있다는 데 있습니다.

오늘을 잡아라

Put off for one day and ten days will pass.

하루를 미루면 열홀이 간다

살아 있는 모든 것들은 지금 이 순간을 살고 있을 뿐입니다. 지금 이 순간은 과거도 미래도 없는 순수한 그대로의 현상입니다. 우리는 내일을 위하여 무엇을 해야 하는 문제로 고민을 하지만 가장 중요한 문제는 바로 오늘이라는 문제입니다. 따라서 내일도 우리의 삶이 행복하기를 원한다면 오늘에 충실한 자세로 사는 것이 중요합니다. 그러므로 이 세상에서 가장 중요한 일은 지금 하고 있는 일인 것입니다. 하지만 오늘, 즉 현재가 중요하다는 것은 알고 있지만 현실이 만족스럽지 못하고 미래가 불안한데 어떻게 행복할 수 있을까요?

행복이란 이것이다는 절대적 기준이 없다 보니 대부분의 사람들은 막연히 행복에 대한 정의를 경제적인 부에서 그 의미를 찾습니다. 좋은 옷 입고, 맛있는 음식 마음대로 골라 먹고, 화려한 집에서, 돈에 구애받지 않고 원하는 대로 쓸 수 있는 사람들을 행복한 사람이라고 생각하고, 물질적으로 충족하지 않는 자신의 삶에 스스로 행복하지 않다는 멍에를 씌우고 무거운 마음으로 오늘을 살아갑니다. 그래서 수단과 방법을 가리지 않고 재물에 욕심을 내지만 좀처럼 추구하는 그것은 내 곁으로 다가오지 않습니다.

법정 스님은 생전 '무소유'의 강연에서 다음과 같이 말씀하셨습니다.

"비교 경쟁 문화가 팽배해 있는 사회에서 산다는 것은 항상 타인과 비교하여 앞서려고 하는 삶의 연속이다. 비교 경쟁 문화는 소유, 탐욕, 집착의 문화다. 많은 재물을 소유하고 있어도 누군가가 자기보다 경쟁 우위에 있는 한, 행복을 느끼기 어럽다. 적게 가지고도 행복을 느끼려면 타인과 비교하지 않고 자기 자신의 삶을 소중히 하는 철학이 필요하다."

　자본주의 사회에서 살면서 수도승처럼 소유를 완전히 버리고 살 수는 없지만 자신의 분수에 맞는 삶이 행복을 찾을 수 있는 길이라고 스님의 말씀을 이해했습니다. 지금 이 순간을 분수에 맞게 제대로 살고 있다면 지나간 과거에 연연하지 않고 미래에 대한 불안에 주눅 들지 않을 것입니다.

　행복은 오늘, 나에게서 찾아야 하는 것입니다.

미래는 청춘의 시기에
무엇을 하는가에 달려있다

Never bend your head. Hold it high.
Look the world straight in the eye.

고개를 결코 숙이지 마라.
고개를 번쩍 들고 세상을 똑바로 바라보라.

'청춘'의 시기를 몇 세부터 몇 세까지라고 단정 지을 수는 없지만, 일반적으로 생각하는 젊음의 시기를 말하고자 합니다. 청춘 시절의 가장 큰 특징이라면 앞날에 대한 불안한 마음일 것입니다. 여건이 좀 나은 젊은이나 그렇지 못한 젊은이나 다가올 미래가 불확실하고 불안하기는 같은 마음일 것입니다. 꿈꾸는 보장된 미래는 자신의 바람대로 그렇게 쉽게 모습을 드러내지 않습니다. 하지만 그 두렵기만 했던 세상은 막상 부딪혀 보면 그렇게 막막하지도 그렇다고 아주 만만하지도 않은 것 같습니다. 인생을 살다 보면 그래도 다행스러운 것은 자신에게 주어진 일을 열심히 하는 중에 만나게 되는 좋은 사람들과 진심으로 격려해 주고 조언하며 때로는 이끌어주는 선배, 그리고 미래를 아름답게 함께할 이상적인 이성을 만나면 인생의 불안과 짐을 한결 덜 수 있습니다.

청춘의 시기에는 열정과 힘은 있지만 앞이 보이지 않는 어둠 속을 달려가는 것과 같기 때문에 불안한 것은 당연합니다. 하지만 모든 것은 신체적, 정신적으로 성숙하게 되는 과정이며, 반드시 거쳐야 되는 통과의례임을 감수해야 합니다. 고된 훈련소 과정을 거치지 않고 용맹한 군인이 탄생할 수 없는 것과 같은 이치입니다. 고난도의 담력과 용기를 요구하는 군인일수록 그 과정은 더욱 순탄하지 않지만 주어지는 결과는 더욱 클 것입니다. 그렇다면 청춘은 불안감에만 사로잡힐 시기가 아님을 명심해야 합니다. 청춘의 시간은 길지가 않아서 우물쭈물하다가는 자신에게 주어진 힘을 다 사용하지 못하고 지나갈 수도 있습니다. 더구나 그렇게 청춘의 시기가 길어지면 남아도는 그 힘과 과욕 때문에 사회적으로 지탄의 대상이 되는 경우도 있습니다. 그렇게 청춘의 시기가 지나면 스스로 책임지고 감당해야 할 것들이 많아집니다. 또한 어쩔 수 없이 포기해야 할 일도 생깁니다. 청춘 시기에는 할 일을 하면서도 많이 고뇌하고 도전해 볼 수 있는 시기입니다. 또한 젊은 한 때 누릴 수 있는 특권을 한껏 만끽해도 되는 시기입니다. 그렇게 불안하게 생각되는 미래는 청춘의 시기에 무엇을 했느냐에 의해 결정됩니다.

생각에도 가드레일이 필요하다

What we dwell on is who we become.

무슨 생각을 하느냐가 어떤 사람이 되는지를 결정한다.

인간의 삶은 어떤 생각을 어떻게 컨트롤 하느냐에 따라 어떤 일들이 일어난다고 해도 과언이 아닙니다. 그렇다면 우리는 '자신의 생각을 어떻게 컨트롤 할 것인가?'라는 문제에 관심을 가질 수밖에 없습니다. 생각은 누구나 자유롭게 마음껏 선택할 수 있습니다. 하지만 깊은 생각 없이 그때그때 편리에 따라서 즉흥적으로 삶을 이어간다면 어느 순간, 대책을 세울 겨를도 없이 인생에 돌이킬 수 없는 불행을 몰고 올 수도 있습니다. 어느 누구라도 자신의 인생이 불행해지기를 바라지 않을 것입니다. 그렇다면 행복이 찾아올 수 있는 생각을 하고 불행을 차단하는 행동을 하는 것은 당연한 일입니다.

이렇듯 모든 사람들이 자신의 삶은 행복했으면 하는 생각으로 살아가지만, 그럼에도 불구하고 왜 모든 사람들이 행복한 삶을 살지 못하는 것일까요?

그것은 불행한 생각을 하고 있는 자신을 인식하지 못하기 때문입니다. 이렇게 자신도 모르게 부정적인 생각이 삶을 지배하게 되면 인생 또한 불행한 일들에게 점령당하게 됩니다. 깊은 생각 없이 세상의 유혹에 삶이 점령당하게 되면 자신을 보호할 수 있는 안전지대가 없는 무방비상태가 됩니다.

기차가 다니는 철로에는 바퀴가 궤도에서 이탈하지 못하도록 레일의 안쪽과 바깥쪽에 가드레일을 설치합니다. 또한 자동차가 다니는 도로에도 커브길이나 위험한 곳에 가드레일을 설치합니다. 이처럼 생각에도 가드레일이 필요합니다.

인생에서 각자의 생각대로 삶을 이어가지만 이것이 정답이라고 누구도 자신할 수 없습니다. 각자의 인생에는 그에 걸맞은 답이 있을 뿐입니다. 미래를 예측하고 사전에 대응하면 좋겠지만 살다 보면 미처 예상하지 않은 일이 벌어질 때가 있습니다. 자동차가 가드레일이 설치되어 있다고 해도 사고가 끊이지 않는 것처럼 말입니다.

하지만 미처 예상하지 못한 위기가 닥쳤을지라도 주어진 상황에서 최선을 다해 복구하다 보면 예상외의 반전이 이루어집니다. 위기에서 호기의 기회가 찾아오는 것입니다. '그런 일이 벌어지지 않았으면 좋았을 것'이라고 자책하거나, 불운이라고 탓을 하며 시간을 낭비할수록 더 큰 불행으로 비화합니다. 이렇듯 예상치 않은 일이 발생하는 것은 그야말로 어쩔 수 없는, 즉 운명적인 요소가 강하기 때문에 우리의 통제 밖에 있지만, 일이 발생한 후에는 우리가 그 운명의 책임자가 되어 모든 결정을 스스로 내려서 해결해야 합니다. 자신의 운명에 관한 일을 남의 결정에 맡겨 결과가 좋지 않을 때처럼 후회스럽고 비참한 일도 없습니다. 사랑이든 진로든 최종 결정은 확신에 찬 결단으로 자신이 결정해야 합니다.

기본기가 중요하다

There are no secrets to success.
It is the result of preparation, hard work,
and learning from failure.

성공의 비결은 없다. 준비하고 열심히 일하는 것
그리고 실패로부터 배운 결과일 뿐이다.

　　가장 기본적인 것이 가장 중요한 것입니다. 건물을 세울 때도 기초가 가장 중요하듯이 성공의 비결 또한 기본을 착실히 다지는 것이 중요합니다. 하지만 기초를 탄탄하게 다지기 위해서는 시간과 인내가 반드시 필요합니다. 그래서 기본기를 수련하는 과정이 가장 힘들고 지루합니다. 그렇기 때문에 많은 사람들이 어느 정도의 수준에 이르면 성장을 멈춥니다. 정체기 때문일 수도 있지만 더 이상 치열한 배움의 노력을 하지 않기 때문입니다.

어느 정도 남들의 감탄을 받을 만한 실력이 쌓인 사람이 더 이상 노력을 하지 않는 이유는 이미 배워서 마스터한 것을 또 반복한다는 것이 힘들고 귀찮기 때문인 경우가 많습니다. 그들은 빨리 사람들이 기대하는 화려한 기술에만 관심이 있습니다.

피겨여왕 김연아는 스스로 기본기의 중요성을 깨달은 선수였습니다. 그녀의 안무코치 트레이시 윌슨은 어느 한 방송과의 인터뷰에서 다음과 같이 말했습니다.

"연아의 훈련 방식은 코치인 내게 큰 충격을 주었습니다. 그녀는 이미 세계적인 선수지만 그녀의 가장 중점적인 훈련은 기본적인 점프나 스핀 등을 열심히 연습하고 코치인 나에게 개선점을 질문하는 것이었습니다. 마치 스케이팅을 처음 배우는 것처럼 말이죠. 그것은 나에게는 매우 놀라운 광경이었습니다. 대부분의 세계적인 선수들은 더 이상 기본기에 신경을 쓰지 않죠. 그들은 더 화려한 기술 연마에만 매진합니다."

성공하는 사람의 공통점이라면 열심히 그리고 혼신을 다 한다는 점입니다. 진정한 고수는 가장 기본적인 기술 연마에 가장 오랜 시간을 보냅니다. 그래서 초기에는 뚜렷한 두각을 나타내지 못하는 경우도 있습니다. 보는 사람의 눈에 화려한 기술이 없기 때문에 평범해 보이기 때문입니다. 하지만 그들은 방향과 궤도를 끊임없이 수정하고 보완하여 결국 누구도 따라올 수 없는 고수가 됩니다.

행동보다
더 강력한 설득은 없다

Deeds, not words shall speak me.

말이 아니라 행동이 나를 대변할 것이다.

구슬이 서 말이라도 꿰어야 보배라는 말이 있습니다. 진취적인 미래 설계와 그 과정에서 떠오르는 아이디어에 대비한 적절한 준비는 목표 달성을 위한 중요한 요소이지만 행동이 따르지 않는다면 아무리 원대한 목표도, 획기적인 아이디어도 증명할 수 없습니다.

우리는 입으로는 자신의 생각과 포부를 말하지만 말뿐인 채로 끝나는 경우가 많습니다. 행동이 수반되지 않은 말로 다른 사람들에게 과대 포장하여 어떤 일의 실행에 대한 자신의 두려움을 숨기기도 합니다. 하지만 남을 잠시 속일 수는 있어도 행동이 따르지 않는 한 그에 대한 믿음은 지속될 수는 없습니다. 내가 어떤 사람인지 보여주는 것은 행동입니다. 자신이 주장하는 말이 효력을 나타내기 위해서는 반드시 행동이 뒤따라야 합니다. 내가 어떤 사람인지 증명하기 위해 쓸데없는 논쟁을 벌일 필요가 없습니다. 오직 행동과 결과로써 보여주고 증명한다면 누구라도 당신을 신뢰할 것입니다. 행동이 따르지 않는 말은 타인의 마음에 신뢰감을 주기에는 부족하며 일시적인 공허한 외침일 뿐입니다.

우리는 무엇을 하기 위해 결심을 하면서 '내일부터'라는 말을 합니다. 하지만 내일은 영원히 오지 않을 수도 있습니다. 그것을 이루기 위해서 우리에게 주어진 시간은 '지금부터', '당장', '오늘부터'만이 있는 것입니다. 미룬 일은 포기해 버린 일이나 마찬가지입니다.

《자기 경영 노트》의 저자이자 경영 컨설턴트 교수인 피터 드러커는 말합니다.

"계획에서 행동으로 가는 길처럼 먼 길은 없다. 모든 성공한 사람들의 공통점은 결정과 실행 사이의 간격을 아주 좁게 유지하는 능력이다."

아무리 훌륭한 아이디어라도 실행을 통해서만이 그것을 증명할 수 있습니다. 행동보다 강력한 설득력을 지닌 것은 없습니다.

인생은 스토리 있는 한 권의 책이다

Some books are to be tasted, others to be swallowed,
and some few to be chewed and digested that is,
some books are to be read only in parts, others to be read,
but not curiously and some few to be read wholly
and with diligence and attention.

어떤 책들은 맛만 보면 되고, 어떤 책들은 삼켜야 하고,
얼마 안 되는 책들은 씹고 소화시켜야 한다.
다시 말해서, 어떤 책들은 일부만 읽으면 되고,
어떤 책들은 모두 읽어야 하지만 호기심을 가질 필요는 없으며,
몇 종류의 책들은 꾸준히 심혈을 기울여 읽어야 한다.

한 권의 명작이 탄생하기 위해서는 어떤 부분을 살리고
어떤 부분을 삭제하고 첨가할지를 끊임없이 고민합니다. 인생
또한 그러한 과정을 거쳐 명품인생으로 탄생합니다. 우리는 인
생을 한 권의 책에 비유하곤 합니다. 이렇듯 책과 인생은 비슷
한 과정을 거쳐 완성됩니다.

책을 소중히 여기는 사람은 건성건성 함부로 책장을 넘

기지 않듯이 자신의 삶에 충실한 사람은 매우 정성스럽게 자신의 삶을 의미 있게 꾸며 나갑니다. 100년을 산다 한들 의미 없이 보낸 삶에서는 감동을 받을 만한 스토리를 찾아볼 수 없습니다.

세상에는 자신만의 감동적인 스토리를 완성하여 많은 사람들에게 칭송받는 사람들이 있습니다.

워런 버핏은 어렸을 때부터 세계 제일의 부자를 꿈꿨기에 신중하게 책장을 넘기듯이 구체적으로 계획을 실천할 수 있었고, 빌 게이츠는 10대 소년 시절부터 세상의 모든 가정에 컴퓨터가 한 대씩 설치되는 꿈을 꾸었기에 세계를 한 공간으로 연결하는 자신의 스토리를 완성할 수 있었습니다. 이렇듯 우리는 감동을 주는 스토리이든, 혐오감을 주는 스토리이든 자신만의 스토리를 만들어 가고 있는 중입니다.

기회에는 꼬리가 없다

Opportunities come to all,
but many do not know when they have met them.
The only preparation is to watch what each day brings.

기회는 모든 이에게 온다.
그러나 많은 사람들이 언제 그 기회와 마주쳤는지 모를 뿐,
준비된 자만이 매일 오고 있는 기회를 잡게 된다.

사전에서 기회의 뜻을 찾아보면 '어떠한 일이나 행동을 하기에 가장 좋은 때'라고 해석하고 있습니다. 인생을 살아가다 보면 누구에게나 삶의 터닝 포인트가 되는 기회가 찾아옵니다. 하지만 그 기회를 잘 포착하고 잡은 사람과 찾아온 기회조차 감지하지 못한 채 지나고 나서야 후회하는 사람이 있습니다. 과연 그들에게는 어떤 차이가 있었던 것일까요?

기회는 보통 새로운 변화와 함께 찾아오는 경우가 많습니다. 하지만 변화의 흐름에 따른 준비가 제대로 갖추어 있지

않다면 그 변화가 자신을 성공의 길로 이끌어 주는 기회인지조차 잘 알 수가 없습니다. 대부분의 사람들이 아무런 대책 없이 변화를 맞이하고 또한 고집스럽게 변화를 거부하는 사람도 있습니다. 소수의 사람이 기회를 독식하는 이유입니다.

기회를 잘 포착하는 소수의 사람 입장에서는, 악어가 입을 벌리고 기다리기만 해도 강 건너에 있는 초원지대를 찾아 강물을 건너기 위해 물소들이 저절로 찾아와 주는 것처럼 때만 되면 찾아와 주는 쉬운 일일 수도 있습니다.

하지만 유감스럽게도 대부분의 사람들에게는 충분한 정보를 제공하면서 성공이 확실할 때까지 기다려주는 게으른 기회는 없습니다. 기회는 매우 빠르게 지나친다는 속성을 지니고 있습니다. 자신에게 찾아온 기회를 잽싸게 낚아채기 위해서는, 주어진 여건에서 최선을 다해 정보를 수집하고 전략을 세운 후 머뭇거리지 말고 냉정하게 판단하여 신속히 결정을 내려서 잡아야 합니다. 결국 준비된 자만이 기회를 잡을 수 있다는 말입니다.

그리스 로마 신화에는 제우스의 아들인 '기회의 신' 카이로스(kairos)가 나오는데 그의 모습이 매우 재미있습니다. 카이로스(kairos)는 앞머리가 무성하고 뒷머리는 대머리입니다. 그리고 발 뒤에는 날개가 달려 있습니다.

이탈리아 시칠리아 섬 해안 거리에 카이로스의 동상이 세워져 있는데 그 동상 앞에는 다음과 같은 글이 쓰여 있습니다.

'나의 앞머리가 무성한 이유는 사람이 나를 발견했을 때 쉽게 붙잡을 수 있도록 하기 위함이며, 뒷머리가 대머리인 까닭은 내가 지나고 난 뒤엔 다시는 나를 붙잡지 못하게 하기 위함이며, 발에 날개가 달린 까닭은 빠르게 달아나기 위함이다. 내 이름은 기회다'

서양 속담 '기회에는 꼬리가 없다'라는 말은 바로 이 동상에서 유래되었다고 합니다.

모든 것을 다 잃어도
지식은 남는다

The beautiful thing about learning is
nobody can take it away from you.

배움이 아름다운 것은
아무도 당신으로부터 그것을 빼앗아 갈 수 없다는 것이다.

유대인들은 3천여 년을 영토가 없이 떠돌아다닌 유목인들이었습니다. 더구나 그들을 둘러싸고 있던 바빌로니아, 아시리아, 이집트, 페르시아 등의 대제국들은 그들의 존재를 인정하지 않고 온갖 박해로 그들의 뿌리를 소멸하려고 했습니다. 그럼에도 유대인들이 오늘날까지 살아남을 수 있었던 힘을 어떻게 이해해야 할까요?

우리는 당시 대제국들의 힘과 위용을 그들이 남긴 거대

한 유적 등을 통해 가늠해 볼 수는 있지만 지금은 그들의 실체를 어느 곳에서도 느낄 수는 없습니다. 반면 유대인은 그러한 유적을 남길 만한 땅과 힘은 없었지만 유대인 개개인의 마음속에 담긴 문화와 신념, 그리고 힘은 곳곳에서 찾아볼 수 있습니다.

유대인들은 노벨상의 각 분야에서 30%를 차지했으며 그들이 인류사에 공헌한 업적, 예를 들면 인류의 생각에 큰 변화를 준 프로이트, 인류의 부족한 에너지를 과학의 힘으로 극복하여 원자력 시대를 연 알버트 아인슈타인 등의 유대인을 통해 실제로도 혜택을 받고 있습니다.

유대인들이 나라를 빼앗기고 압제에 온갖 고초를 겪으면서도 학교만은 필사적으로 지키려고 했던 것은 어떠한 폭력으로도 지식은 수탈해 갈 수 없다는 것을 알았기 때문입니다. 지식은 언제라도 타오를 수 있는 불씨와 같아서 꺼지지 않고 유지할 수 있기 때문에 적절한 시기가 되면 언제든 불꽃같이 일어날 수 있음을 그들은 알고 있었던 것입니다.

인류가 시작된 이래 세계 곳곳에서는 끊임없는 약탈과

테러, 전쟁 등으로 항상 커다란 위험에 직면하면서 살아왔지만 지식을 바탕으로 한 민족은 자신들의 전통과 문화를 지키며 굳건히 살아남을 수 있었습니다. 이러한 원동력은 조상으로부터 이어져 내려오는 지혜의 힘 때문이었습니다. 이렇듯 언제까지라도 자신을 지켜주는 마지막 한 수는 지식을 바탕으로 한 지혜입니다.

독재자들이 가장 두려워한 것은 지식의 힘입니다. 지식은 옳고 그름을 판단하는 신념을 심어주며 지식을 바탕으로 생긴 확고한 신념은 무엇과도 비교할 수 없는 굳건한 힘이 있습니다.

일상에서 기회를 얻다

It's lack of faith that makes people afraid of meeting challenges,
and I believe in myself.

사람들은 믿음이 부족하기 때문에 도전하기를 두려워하지만,
나는 나 자신을 믿는다.

노력도 하지 않고 맥없이 세상의 흐름에 힘들게 끌려가는
게으른 사람이 힘들지 않았던 세상은 단 한 번도 없었습니다.

글로벌 프랜차이즈 기업의 대명사가 된 맥도날드의 창
업자 레이 크록(Ray Kroc).

그는 어릴 때부터 사물에 대해 이것저것 궁리하며 머릿
속으로 갖가지 상황을 설정하고 그것에 어떻게 대처할지 상상
할 때가 많았습니다. 그는 어떤 계획이 떠오르면 잔뜩 들떠서

집으로 돌아와서는 자신의 상상을 즉시 행동으로 옮겼습니다.

그의 청소년 시기는 골드러시 시대의 막바지 무렵이었는데 골드러시란 금광이 발견된 지역으로 일확천금을 꿈꾸며 사람들이 몰려든 현상을 뜻합니다. 1848년 캘리포니아주(州)에서 발견된 금맥을 채취하기 위해 사람들이 몰려든 것이 시초입니다.

이러한 사회적인 분위기에 편승하여 레이 크록 역시 꿈을 이루고자 열심히 공부했지만 아버지의 사업이 기울자 중도에 학업을 포기하고 부동산 사업에 뛰어들었습니다. 하지만 열심히 노력하여 사업을 확장하려던 시기에 제2차 세계대전이 발생하였고 그가 벌인 부동산 가격이 폭락하면서 그의 사업은 산산조각이 나고, 엄청난 빚에 쫓기는 신세가 되었습니다.

그는 50살을 넘긴 나이에 믹서기 회사 판매사원으로 취업을 하였는데 어느 날 유명백화점에서도 잘 팔리지 않는 믹서기를 8대나 주문한 햄버거 가게를 방문하게 되었습니다. 그곳에서 레이 크록은 햄버거와 밀크셰이크를 사려고 식당 앞에 줄을 서서 기다리는 사람들을 보고 기발한 아이디어가 떠올랐습니다.

'바쁜 사람들에게 즉석에서 식사를 해결할 수 있는 판매 시스템을 갖춘 프랜차이즈를 설립하자'

레이 크록은 즉시 식당 주인인 맥도널드 형제에게 자신의 구상을 제안했고 자신이 모을 수 있는 모든 자금을 투자해서 맥도널드에 관한 모든 권리와 함께 시카코의 데스 플레인즈(Des Plaines)에 맥도널드 1호점을 개장합니다.

현재 맥도널드는 세계 120개국 이상의 나라에서 30,000여 개 이상의 매장을 운영하고 있고, 전 세계에서 하루에 약 5,000만 명 이상의 사람들에게 간편한 식사를 제공하고 있습니다.

레이 크록은 자신의 성공비결을 다음과 같이 말합니다.

"행복을 만드는 것도, 힘든 문제를 해결하는 것도 결국은 스스로 해야 한다. 나는 언제나 그렇게 믿었다. 일주일에 35달러를 받으며 종이컵을 팔고 아르바이트로 피아노를 연주해 아

⋮

내와 딸아이를 먹여 살리던 그 시절부터 억만장자가 된 오늘날까지 그 믿음엔 변함이 없다. 사람은 일상에서 평범하게 나타나는 현상에 대하여 소홀히 넘기는 경우가 많은데, 나는 눈앞에 나타난 대중적인 현상에서 기회를 잡아야 한다는 신조를 충실히 따르며 살아왔다. 이것이 내 성공에 중요한 역할을 했다."

생각의 힘은 무한하다

*If you realized how powerful your thoughts are,
you would never think a negative thought.*

생각의 힘이 얼마나 강력한지 안다면,
당신은 결코 부정적인 생각을 하지 않을 것이다.

생각은 누구나 마음껏 자유롭게 선택할 수 있습니다. 하지만 아무런 구속 없이 자유롭게 할 수 있다는 것이 한편으로는 위험한 요소이기도 합니다. 부정적이고 파괴적인 생각을 할 것인가 아니면 긍정적이고 건설적인 생각을 할 것인가 역시 자유이기 때문입니다.

한때 골프 황제로 불리던 타이거 우즈는 취재기자가 성공비결을 묻자, 다음과 같이 대답했습니다.

"나는 언제나 골프공을 치기에 앞서 머릿속으로 상상합니다. 내가 멋진 폼으로 휘둘러 친 새하얀 골프공이 멋지게 날아가 내가 원하는 위치의 새파란 잔디 위에 얌전히 멈춰 선 모습을 말입니다. 심지어 골프공이 어떠한 곡선을 그리면서 날아가는지 그 형태까지도 머릿속에 그려봅니다."

인류가 이 행성의 주인이 된 힘의 원천은 의심할 여지도 없이 긍정적이고 진보적인 상상력 때문이었습니다. 대부분 동물의 삶은 깨어 있는 시간 중의 많은 시간을 먹이를 구하는 데 사용합니다. 이와 달리 인간은 그것을 진보적인 상상을 하는 시간에 투자할 수 있었습니다. 인간의 생각은 무한한 것이어서 광대무변한 우주의 끝에라도 도달할 수 있습니다. 어떤 생각을 가지고 하루를 시작하느냐에 따라 그 결과는 크게 달라집니다. 이것을 소홀히 생각하면 조금만 힘들어도 한순간의 세속적인 유혹 앞에 맥없이 무너지고 맙니다. 세상의 유혹에 속절없이 무너지는 것은 이루고자 하는 의지력의 부족 때문인데, 의지력도 근육과 같아서 자꾸 써야 강해집니다. 생각 또한 어떻게 사용하느냐에 따라 그 힘은 무한합니다.

생각은 결국 운명이 된다

A man is but the product of his thoughts.
What he thinks, he becomes.

사람은 자신이 생각하는 것의 산물이다.
그가 생각하는 대로 된다.

17세기 프랑스의 철학자 파스칼은 그의 저서 《팡세》에서 '인간은 생각하는 갈대'라고 하였습니다.

인간은 끊임없는 생각의 선택을 통해 살아갑니다. 즉, 어떤 생각이 동기가 되어 어떤 행동을 하게 되고, 그러한 행동을 함으로써 습관이 되며 습관은 그 사람의 인격을 만듭니다. 결국 어떠한 생각을 어떤 방법으로 이어가느냐에 따라서 우리는 행복해질 수도, 불행해질 수도 있습니다.

부정적인 생각을 하는 사람의 특징은, 우선 예의가 없다는 것입니다. 특히 말투가 거칩니다. 그들의 말투에는 다른 사람을 비난하거나 조롱하는 습관이 있습니다. 그리고 그들은 사소한 것에 집착하며 쉽게 분노하고 항상 실패할 것을 먼저 걱정합니다. 그들은 불행을 불러들이는 생각을 하면서도 스스로는 그것이 나쁜 행동이라는 것을 깨닫지 못하는 경우가 많습니다. 자신의 생각을 깊이 분석하지 않고 가볍게 처리하며 자신의 생각에 스스로 정당성을 부여합니다. 그래서 인생 또한 불행한 일들이 계속 다가옵니다.

　　반면 긍정적인 사람은 다른 사람을 배려하며 품성이 부드럽기 때문에 좋은 인간관계를 형성합니다. 또한 힘든 일과 마주하더라도 있는 그대로 진실한 마음으로 생각하고 결정하기 때문에 남들의 시선이나 태도에 연연하지 않고 해결 능력이 강합니다. 따라서 인생 또한 기쁘고 좋은 일들이 자주 생깁니다.

　　자신의 운명을 생각함에 있어 다른 사람의 생각은 염두에 두지 말아야 합니다. 다른 사람들이 어떻게 생각하는지에 대해 마음을 쓰는 것보다 자신의 생각을 굳건히 지켜나갈 수 있는가에 대해 생각해야 합니다.

자연은 훌륭한 교사다

Nature never deceives us;
it is always we who deceive ourselves.

자연은 인간을 결코 속이지 않는다.
우리를 속이는 것은 항상 우리 자신이다.

자연에서 배움을 얻는 것은 인간이 할 수 있는 가장 훌륭한 삶의 방식입니다. 자연은 인간에게 소리 없이 가르침을 전해줍니다. 봄이 되면 꽃은 변함없이 말없이 피고 가을에는 잎이 집니다. 대자연의 섭리가 그대로 문자가 아닌 사실로써 가르침을 주고 있는 것입니다. 우리의 조상들은 자연의 가르침에 순응하며 살았습니다. 자연의 절기에 맞추어 계절의 변화와 농사의 기술을 스스로 터득하여 정성 들여 가꾼 곡식을 때에 맞추어 추수하였습니다. 말없이 우뚝 솟아 묵묵히 자리를 지키는 산의 거대한 침묵에서, 그리고 말없이 피어 있는 꽃과 지저귀는 새들의 소리에서 자연이 들려주는 가르침에 마음을 기울이는 삶을 살았습니다.

마음을 주고받는 것은 중요한 일입니다. 자연의 소리는 마음을 기울여 듣지 않으면 이해할 수 없습니다. 뜨거운 여름 시원한 계곡에서 흐르는 물소리와 새소리에 지친 몸을 맡기고 조용히 생각에 잠기면 나 역시 그대로 자연의 한 조각임을 느낄 수 있습니다. 대자연의 생태와 현상에서 인간이 가야 할 길과 자세 그리고 인생의 의미와 삶의 보람을 느낍니다. 고요한 마음으로 자연을 관찰하며 자연의 이치를 터득하는 것은 소중한 일입니다.

불교의 《반야심경》에는 다음과 같은 경문이 있습니다.

'대자연의 섭리는 인간의 언어로 표현할 영역을 벗어나 있기 때문에 문자로 적어서 남기지 않느니라.'

자연은 혼란한 인간의 정서에 무언의 교훈을 전해줍니다.

무례함은
약함을 드러내는 것이다

Rudeness is a weak person's imitation of strength.

무례함은 약한 사람이 힘이 있는 체하는 것이다.

진정한 강자는 어떤 상황에서도 자신을 지킬 수 있다는 믿음이 있기 때문에 거짓으로 자신을 포장하거나 과장할 필요가 없습니다. 또한 그들은 모든 일에 여유가 있으며 예절 또한 바릅니다. 반면에 화를 잘 내거나 욕설을 자주 쓰는 사람은 내면적으론 매우 약한 사람일 경우가 많습니다. 그들은 자신의 나약함을 폭력적인 것으로 위장하여 강하게 보이려고 하지만 사람들은 누가 강하고 약한지 본능적으로 알 수 있습니다. 대개는 다른 사람의 이러한 판단을 본인만 모릅니다.

어느 소설에 다음과 같은 구절이 나옵니다.

'욕설이란 어린이들이 성장하는 과정 안에 거쳐 가는 정거장 같은 것으로, 욕설과 폭력으로는 사람들의 관심을 끌 수 없다는 것을 깨닫게 되면 더 이상 사용하지 않게 된다.'

사람들이 잘못 인식하고 있는 관행 중에는, 성공적인 임무 수행을 위해서라면 어느 정도의 부당한 언행은 '당연한 것'이라는 사고방식이 있습니다.

"당신은 해고야(You're fired)"란 유행어를 만들어 낸 도널드 트럼프 미국 대통령의 막말은 유명합니다. 대한민국의 풍조역시 다르지 않습니다. 기업 2세들의 '갑질'이나 정치인들의 '막말 퍼레이드'에 사람들은 분노합니다. 그러나 그들은 자신들의 행위가 다른 사람들의 마음에 지워지지 않는 상처를 남기고 자괴감을 심어준다는 것을 모르는 듯합니다. 그들은 자신들의 지위가 자신들의 능력 때문인 줄 착각하고 있습니다.

그들의 극악무도한 욕설과 굴욕적인 폭력에도 들어도 못 들은 척, 보고도 못 본 듯이 살아야 하는 사람들이 있습니다.

사회의 대부분을 차지하고 있는 약자의 입장에서는 먹고살려면 참아야 합니다. 그들에게는 자신만 바라보는 아내, 자식들의 모습이 분노보다 우선하기 때문입니다. 이를 참지 못하면 어떤 불이익을 감수해야 할지 모릅니다. 이러한 비합리적인 현실은 그런 사람들이 지배하는 모순된 사회 구조 때문입니다. 우리의 자녀들이 살아가야 할 대한민국에서는 촛불을 든 국민의 바람으로 선출된 대통령의 적폐청산 공약이 반드시 이루어져야만 하는 이유입니다.

작가 크리스틴 포래스는 저서 《무례함의 비용》이란 책에서 무례함을 참고 넘어갈 경우 개인, 조직, 사회적으로 막대한 손실이 발생된다고 하였습니다. 무례함은 인간성의 결여와 무지의 산물이며 자신의 약함을 힘으로 드러내는 일입니다.

꼭 필요한 사람이 되면

Make yourself necessary to somebody.

당신을 누군가에게 필요하게 만들라.

누군가에게 꼭 필요하다는 것은 소중한 존재라는 뜻입니다. 빛나는 보석을 탐내는 사람들이 많듯이 가치 있는 사람을 알아보고 귀하게 여기는 곳 또한 어느 곳에나 있습니다. 직장에서 없어서는 안 되는 꼭 필요한 사람이 되면 꾸준하게 자리와 수입이 보장되고, 연인에게 필요한 사람이 되면 사랑받습니다. 이렇게 필요한 사람이 되면 언제나 안정과 평화를 보장받습니다.

사람이 활동이나 운동을 하기 위해서는 산소를 필요로 합니다. 그래서 사람의 몸에서 산소를 가장 필요로 하는 기관은 폐라고 생각할 수도 있습니다. 그래야 달리기도 하고 수영도 할 수 있으니 말입니다. 하지만 우리의 몸에서 산소를 가장 많이 반드시 필요로 하는 곳은 머리 안에 있는 뇌입니다. 뇌는 산소를 공급받지 못하면 30초 만에 뇌세포의 파괴가 시작되고 3분이면 파괴된 세포의 재생이 불가능해지며 10분이면 뇌사가 시작됩니다. 하지만 뇌를 의식하며 사는 사람은 거의 없습니다. 뇌는 소리 없이 우리의 모든 기관을 관장합니다. 이러한 뇌의 활동처럼 소리 없이 자신들의 도움을 필요로 하는 사람들에게 자신들의 사랑을 실천하는 사람들이 있습니다.

국경없는의사회는 세상에서 가장 취약한 사람들을 찾아 지원하고 도움을 주기 위해 활동하며, 특히 전쟁과 분쟁의 소용돌이 속에서 필연적으로 발생하는 연약한 환자들이 상처를 딛고 다시 삶을 이어갈 수 있도록 봉사 활동을 합니다. 그들의 희생과 봉사로 그들은 삶의 희망을 다시 품을 수 있습니다.

2018년 3월 14일 물리학자 스티븐 호킹 박사가 세상을 떠났습니다. 그의 장례식이 거행되는 동안 케임브리지 시에서는 호킹 박사가 준비한 마지막 선물이 준비되고 있었습니다. 선물은 굶주린 노숙인들이 절실하게 필요로 하는 부활절 음식 준비였습니다.

　　그의 장례식 다음 날, 웨슬리 교회 식당의 모든 테이블에는 다음과 같은 문구가 적혀 있었습니다.

　　'오늘 점심은 스티븐 호킹의 선물입니다.'

　　세상에 필요한 그가 없을 때 빈자리가 유독 크게 느껴집니다.

삶을 어떻게 받아들일 것인가

Life is dream for the wise, a game for the pool,
a comedy for the rich, a tragedy for the poor.

인생이란 현명한 사람에겐 꿈이고, 어리석은 자에겐 게임이며,
부자에겐 코미디이고, 가난한 이에겐 비극이다.

인생이란 자신의 삶을 어떤 생각으로 받아들일지에 대한 자세가 각자 인생의 의미를 결정합니다. 사람들이 저마다 나는 잘살고 있다고 생각하는 것은 스스로 느끼는 것에서 비롯되는 것이며 나의 삶은 불행하다는 생각 역시 스스로 느끼는 마음의 문제인 것입니다.

현명한 사람의 삶은 자기에게 주어진 일에 최선을 다하고 편한 휴식을 취하고 다시 기대되는 내일을 맞이하는 하루하루가 희망이 있는 삶입니다. 하지만 이와 달리 어리석은 사람

의 삶은 다른 사람의 평가를 두려워하며 어떤 일을 행동으로 옮기는 데 있어서 갈등 속에서 힘들어하기 때문에 마치 결과를 알 수 없는 난해한 게임의 세계처럼 미로를 헤맵니다.

　　경제적인 가난은 목표를 세우고 계획된 노동으로 어느 정도 해결할 수 있지만 정말로 벗어나기 힘든 것이 정신적인 가난입니다. 마음이 가난하면 정서가 메마르게 되어 모든 것을 부정적으로 바라보기 때문에 결코 만족하는 일이 없습니다. 정신이 가난한 그들의 욕심은 끝이 없어서 항상 자기에게 부족한 것만을 생각합니다. 그래서 나누는 삶의 행복을 모르고 오히려 자기의 부에 만족하기보다는 가난한 사람들의 작은 행복에 탐을 냅니다. 그들에게 절실한 일은 적은 것에 만족할 수 있도록 수련을 쌓는 일이지만 그들에게 있어 욕심을 버린다는 것은 거의 불가능합니다. 그들의 욕망은 결코 만족하는 일이 없으며 작은 행복 따위는 가치가 없다고 여깁니다. 그래서 그들은 불만족의 세계, 즉 정신적 가난의 비극에서 벗어날 확률은 매우 낮습니다.

　　반면 마음이 부자인 사람은 언제나 마음의 여유가 있기

때문에 다른 사람들에게 관대할 뿐만 아니라 하루하루가 즐겁습니다.

우리가 삶을 어떻게 받아들일 것인가 하는 문제는 각자가 판단해야 할 일이며 또한 해결할 일입니다.

인생학교에는 졸업이 없다

For what it's worth, it's never too late.
or in my case, too early.
To be whoever you want to be.
There's no limit, to start whatever you want.
You can change or stay the same.
There are no rules to this thing.

무엇이 가치가 있다면, 그것을 하기에 너무 늦은 때는 없어.
내 경우는 너무 이른 때가 없었다는 거지.
원하는 대로 사는 것에 늦은 때란 없지.
언제라도 원할 때 시작하면 돼, 제약은 없으니까.
넌 변할 수도 있고, 지금처럼 그대로 있을 수도 있겠지.
인생에는 규칙이 없으니까.

살아 있는 한 인생학교에는 졸업이 없습니다. 인류의 경이로운 진보는 사실상 학습의 힘에서 비롯된 것이라 해도 과언이 아닙니다. 새로운 것을 배우는 데서 오는 환희에 대해 일생을 바쳐 학문을 좋아하고 그 배움을 실천한 공자는 《논어》

에서 '배우고 때로 익히면 즐겁지 아니한가'라고 표현한 바 있습니다.

배우려는 자세가 되어 있다면 때와 장소, 나이의 많고 적음은 문제가 되지 않습니다.

근래에는 배움이 좀 더 좋은 취업을 위한 방편이나 업무에 도움이 될 만한 지식을 습득하기 위한 과정 정도로 인식되는 경향이 있습니다. 배움이 자신의 이해득실과 결부된 편협한 것이 되는 것 같아 안타까운 마음이 들기도 합니다.

세상은 끊임없이 변화하고 진보하고 어제까지 옳았던 생각과 방법이 새롭게 변한 세상에서는 아무런 쓸모가 없는 무용지물이 되기도 합니다. 필자는 이것이 배움이 지속되어야 하는 이유라고 생각합니다. 세상은 끊임없이 배워야 하는 거대한 학교입니다.

다산 정약용은 먼 친척뻘인 반산 정수칠의 "선생님, 공부를 왜 해야 하나요? 가르침을 주십시오."라는 물음에 다음과 같은 답변을 주었습니다.

"공부란 하고 싶어서 하는 것이 아니라 어쩔 수 없이 해야만 하는 것이네. 아니, 이렇게 말하면 공부에 대한 설명으론 부족한 것 같네. 다시 말해서 공부란 달리 선택의 여지가 없는 유일무이한 것이라네. 사람이라면 하지 않을 도리가 없고 반드시 해야만 하는 것이지. 세상을 살면서 공부를 하지 않는다면 그것은 짐승의 삶을 살겠다는 말과 같은 말이네. 공부를 왜 해야 하느냐고 물을 필요도 없이 그냥 하게."

죽음을 잊지 말라

The fear of death is more to be dreaded than death itself.

죽음보다 무서워해야 하는 것은 죽음에 대한 두려움이다.

　　인간은 어쩔 수 없는 한 가지, 필연의 법칙이 있습니다. 그것은 바로 한 번 태어난 사람은 여지없이 언젠가는 반드시 죽어야 한다는 사실입니다. 그렇다면 누구나 이 사실을 알고 있으면서도 왜 그토록 죽음을 두려워하는 것일까요?

　　그것은 생에 대한 강한 집착 때문일 것입니다. 하지만 우리가 진정 두려워해야 할 것은 삶을 살면서 거짓된 삶을 사는 것에 있습니다. 우리는 죽는다는 사실을 애써 외면하고 살고 있지만 죽음은 외면할 것이 아니라 사는 동안 항상 간직해야 하는 것입니다.

죽음을 인식하며 살아가는 삶은 진솔할 수밖에 없습니다. 예를 들어 진정으로 사랑하는 사람과 3일 후에 헤어진다는 사실을 알고 있다면 무심히 흘러가는 너무나 아까운 시간을 안타까워하며 그 사흘 동안 사랑하는 사람을 위해 온갖 정성을 다할 것입니다. 이와같이 누구나 자기가 3일 후에 죽는다는 것을 알고 있다면, 그는 그 3일을 무의미하게 보내지 않을 것입니다.

이와 마찬가지로 사람의 인생에 있어 삶과 죽음 사이에 가로놓인 시간이 3일이 아니라 50년이 된다고 하여도 의미 없이 보낸다면 그 50년의 세월 속에서 어떤 보람을 찾을 수 있을까요?

사실 죽음이 있기에 인간의 삶이 올바르게 정화되는 측면이 있습니다. 무한할 것 같던 생의 시간이 한계가 있고 끝이 분명히 존재한다는 사실을 인식한다면 지금까지 습관적으로 해오던 행동이나 생활방식에 큰 변화가 있을 것입니다. 삶의 의미를 겸허하게 생각하고 중요하지 않은 일에 의미 없는 시간을 소비하지 않을 것입니다.

대부분의 종교가 인간이 죽은 후에 삶에 대한 심판이 있다고 경고합니다. 그것이 인간의 죄악을 막기 위해서인지, 연약한 인간을 맹목적으로 따르게 하기 위한 종교지도자들이 권위를 세우기 위한 겁박인지는 모르겠지만 그 사실 여부를 떠나서 누구나 죄를 짓게 되면 죽음에 대한 두려움을 느낍니다. 그렇다면 인간의 삶은 죽음과는 분리될 수 없는 연결된 어느 곳에 존재한다는 생각이 듭니다. 이렇듯 삶이 소중한 이유는 생은 유한하고, 죽음이 있기 때문입니다.

하지만 무작정 죽음에 대해 두려움을 느낀다는 것은 아무 일도 하지 않고 좋은 결과를 바라는 것과 같은 어리석은 일입니다. 진솔한 삶 이후에 죽음은 자연스럽게 다가오는 것으로 생각하며 삶을 산다면 조금은 죽음의 두려움에서 벗어나기가 쉬울 것 같습니다. 우리가 잘 살았다고 표현할 때는 바로 죽음에 대해서밖에 없습니다. 잘 사는 것은 곧 잘 죽는 것을 의미합니다.

러시아의 대문호이자 사상가인 톨스토이는 삶과 죽음에 대하여 다음과 같이 말했습니다.

"만약 죽는 것이 무섭다고 생각된다면, 그 원인은 죽음 속에 있는 것이 아니라 우리의 삶 속에 있는 것이다. 인간은 옳은 생활을 하면 할수록 죽음에 대한 공포가 줄어든다. 완성된 인간에게 죽음은 존재하지 않는다."

어떤 사람으로 기억되길 바라는가

I hope you live a life you're proud of.
And if you find that you're not,
I hope you have the strength to start all over again.

스스로에게 자랑스러운 삶을 살았으면 좋겠어.
그리고 이게 아니다 싶으면 모든 것을 다시 시작할 수 있는
용기가 있었으면 좋겠어.

역사적 인물이나 인류 평화에 공헌한 위인들의 삶을 생각하면 그들은 이미 이 세상에 존재하는 사람들이 아닐지라도 시간과 공간을 초월하여 우리의 가슴에 생생하게 살아있어서 삶의 지표가 되고 있음을 느낍니다. 따라서 그들의 죽음은 삶의 형식을 바꾼 또 다른 삶을 사는 것이라고 할 수 있습니다. 그래서 그들은 잘 죽는 문제에 그토록 심혈을 기울였나 봅니다.

스웨덴의 발명가 알프레도 버나드 노벨.

　　그는 어린 시절부터 화학과 물리학에 관심이 많았고 이탈리아어, 프랑스어, 독일어 등 언어능력에도 탁월하여 세간의 주목을 받는 소년이었습니다. 그는 폭넓은 학문과 뛰어난 언어능력을 바탕으로 파리에 유학하였고 이후, 미국으로 건너와 연구를 거듭한 끝에 다이너마이트를 발명하게 됩니다.

　　영국과 미국에서 다이너마이트의 특허를 따낸 노벨은 시기적으로 세계적인 개발붐을 타고 젊은 나이에 억만장자의 반열에 이름을 올립니다. 그러나 젊은 나이에 거부가 된 노벨은 자신이 의도한 다이너마이트의 발명이 목적과는 다르게 잘못 사용되며 많은 희생자가 생기는 것에 안타까움을 느낍니다.

　　거부가 된 노벨의 생활은 호화로웠지만 그러한 생활이 그에게는 열정과 희망이 사라진 하루하루가 무의미하다고 느낄 만큼 단조로웠습니다.

　　노벨이 어젯밤 파티의 여운이 아직도 남아 있는 일상의 어느 날이었습니다. 아침신문을 펼쳐 읽고 있던 노벨이 자신의 눈을 의심케 하는 기사를 접합니다.

'죽음의 사업가이자 파괴의 발명가 노벨, 사고로 죽다'

"아니, 내가 죽었단 말인가?"

노벨은 신문사로 달려갔습니다.

"이것 보시오, 내가 바로 노벨이오. 왜 내가 죽었단 말이오."

죽은 노벨이 살아서 신문사를 방문했다는 소식에 신문사는 물론 그 기사를 쓴 기자는 질겁하였습니다.

곧 동명이인의 교통사고를 특종에 눈이 먼 신중하지 못한 기자의 실수로 판명이 났고 그 사건은 해프닝으로 끝나는 듯했습니다.

하지만 신문을 통해 다이너마이트의 발명가 노벨이 죽었다는 소식을 접한 사람들은 그의 죽음을 마치 반기듯이 비웃고 떠들었습니다.

"수많은 사람들의 목숨을 앗아간 다이너마이트를 만든 노벨이 사고로 죽었다네."

노벨은 자신이 죽은 후에 자신이 파괴의 발명가로 역사에 남겨진다는 사실에 괴로워했습니다.

"내 인생에 아무리 많은 재물을 쌓아놓고 부귀영화를 누려본들 그것이 무슨 소용이 있겠는가. 죽어서 그런 오명으로 후세의 사람들에게 전해진다면 지금의 이 호사스런 삶이 무슨 의미가 있겠는가."

노벨은 그동안 모은 엄청난 재산이 인류평화를 위해 공헌한 인물에게 쓰일 수 있도록 사회에 환원하였습니다. 그렇게 해서 '노벨상'이 제정되었고 그로 인해 그의 이름은 인류의 가슴에 영원히 기억되게 되었습니다.

그는 자신의 다이너마이트 발명이 인류의 번영과 평화를 위한 일이었음을 알리고 싶었던 것입니다. 그것은 자신의 죽음을 경험했던 노벨이 영원히 사는 길을 위한 선택이었습니다.

오늘 하자

A dream written down with a date becomes a goal.
A goal broken down becomes a plan.
A plan backed by action makes your dream come true.

꿈에 날짜를 적으면 목표가 되고,
목표를 잘게 나누면 계획이 되고,
계획을 실행에 옮기면 꿈이 현실이 됩니다.

내 것이 아니다 싶으면 눈을 감자

Forgive all who have offended you,
not for them, but for yourself.

당신을 화나게 하는 모든 사람을 용서하세요.
그들을 위해서가 아니라 당신을 위해서.

베드로가 예수님께 다른 제자의 앞날에 대해 물었을 때
예수님은 다음과 같이 말씀하셨습니다.

"그것이 너와 무슨 상관이 있느냐. 너는 나를 따르라"

베드로는 예수님을 따르는 것이 과연 평탄한 길인가에
대한 인간으로서의 갈등이 있었나 봅니다. 예수님은 베드로의
갈등하는 마음을 읽고 너는 너의 길만을 생각하라는 가르침을
주었던 것입니다.

보면 알게 되고 알면 소유하고 싶은 게 인간의 속성입니다. 하지만 인간의 이러한 소유욕을 충족시키기란 애초에 불가능합니다. 인간의 정보는 90% 이상이 시각을 통해 얻어진다고 합니다. 하지만 눈을 감고 살 수는 없으니 우선 마음으로부터의 절제가 필요합니다. 욕망의 마음을 억제하지 못하면 마음의 고통이 따르고 마음의 고통은 행복에 대한 가장 집요한 장애물이며 실제적인 고통까지 수반합니다. 우리에게 발생하는 고통의 근본적인 원인은 대부분 자기 자신에게 있습니다. 이 말은 욕망에 흔들리는 자신의 마음을 정화하면 고통스러운 문제를 해결할 수 있다는 말과 다름이 아닙니다. 그래서 어떤 문제가 닥쳤을 때, 먼저 자신의 내면을 들여다보는 마음의 눈을 갖추어야 합니다.

책을 당신의 벗으로 삼아라

Resolve to edge in a little reading every day,
if it is but a single sentence.
If you gain fifteen minutes a day,
it will make itself felt at the end of the year.

한 문장이라도 매일 조금씩 읽기로 결심하라.
하루 15분씩 시간을 내면 연말에는 변화가 느껴질 것이다

독서는 스마트 폰이나 인터넷으로는 알 수 없는 깊은 사고의 폭을 넓혀주는 활동입니다. 우리나라 학생들을 보며 안타까운 마음이 드는 것은, 책을 접하는 시간보다는 대부분 취업을 위한 스펙 쌓기에 열중하고 있는 모습입니다. 요즘의 젊은 이들에게 독서의 중요성을 강조하는 것이 시대착오적인 발상일지도 모른다는 생각마저 들 때가 있습니다. 독서는 관심 있는 분야에 대하여 스스로 탐구하고 필요한 교양과 상식을 넓히고 성숙한 인품을 배양하는 필수 과정입니다. 그럼에도 불구하

⋮

고 스마트 폰을 이용하여 간단히 검색해보는 등 수박 겉핥기식의 방법은 편리할 수는 있으나 단편적인 지식의 습득으로 자신의 것이 되지 못하고 곧 잊게 됩니다. 하지만 책을 통해 습득된 지식이 쌓이면 누구도 탐낼 수 없는 자신만의 지성이 됩니다.

유대인들은 자신들의 삶의 터전을 무자비한 폭력으로 빼앗겼었지만 어떠한 폭력으로도 그들의 지성을 빼앗을 수는 없었습니다.

유대인들은 빼앗긴 땅을 되찾기 위해 오랜 시간에 걸쳐 준비를 하였고 그들이 준비한 것은 가공할 무기도, 잘 훈련된 군사력도 아니었습니다. 그들의 희망은 교육이었습니다. 그들이 자신들의 문화와 전통을 온전히 물려주고 받을 수 있었던 것은 독서를 통한 지혜의 전달에 있습니다. 그들은 자신들의 삶의 지혜를 물려주기 위해 《탈무드》를 저술하기 시작하였고, 그 저술 작업은 지금도 그리고 앞으로도 계속될 것입니다. 그래서 그들은 어떠한 물건보다도 책을 소중하게 여깁니다. 유대인의 격언을 살펴보면,

'만일 궁핍한 생활고로 인하여 물건을 팔아야 한다면 우

선 금, 보석, 집, 땅을 팔도록 하라. 마지막까지 팔아서는 안 되는 것은 책이다.'

사람의 앞날은 누구도 장담할 수 없기 때문에 지금 미래를 대비한 준비를 항상 갖추고 있지 않으면 변화하는 세상을 따라가지 못하고 뒤처질 수밖에 없습니다. 미래를 준비할 가장 확실한 방법은 공부를 게을리하지 않는 것입니다. 미래의 희망을 높이기 위한 공부에 도움을 줄 많은 책들이 손길을 기다리고 있습니다.

진정한 성공은 평생의 일을
자신이 좋아하는 일에서 찾는 것이다

Nobody is too busy.
It's only a matter of priorities.

정말 바쁜 사람은 없는 거야.
단지 무엇을 먼저 하느냐는 문제만 있을 뿐이지.

기쁜 마음으로 일하고, 자신이 이루어 놓은 일에 만족하는 사람은 일상이 풍요롭고 행복한 사람입니다. 우리는 보통 일을 통해 창출되는 경제적 보상에 마음이 끌리기 쉽지만 장기적인 안목을 가진 사람은 일을 통해 현실적인 만족과 미래의 계획까지 설계합니다. 그러기에 자신의 직업은 자신이 좋아하는 일을 택하는 것이 바람직합니다. 자신이 좋아하는 직업에 종사할 수 있는 행운을 얻었다면 설사 일에 대한 대가가 수치상으로는 빈약할 경우도 있지만 실제로는 풍요롭게 살아간다고 할 수 있습니다.

　　현대사회는 어떤 직업이 인기가 있다고 해서 그것이 지속된다는 보장은 장담할 수 없습니다. 오랫동안 우리의 실생활과 밀접한 관계에 있던 수많은 직업들이 역사 속으로 사라졌고 또한 산업구조가 급격히 변화하면서 직업 간 세대교체가 활발하게 이루어지고 있습니다. 이러한 변화의 추세는 앞으로도 더욱 급속하게 우리의 직업관을 지배할 것입니다. 지금 가장 인기 있는 직업 중에는 불과 수십 년 전에는 밥벌이가 안된다 또는 시대 상황과 맞지 않는다는 등의 이유로 거들떠보지도 않는 직업도 있었습니다.

　　우리는 각자의 직업을 통해 생활을 영위하고 그 일을 통해 미래에 구상하고 있는 목표도 달성하고 싶겠지만 그러한 바람만으로 세상을 살아내기에는 작금의 현실은 녹록하지 않습니다. 어찌 되었건 직업에 따라 맡은 업무와 역할은 달라도 직업에 귀천은 있을 수 없다는 것입니다.

　　어느 분야에나 전문가가 있습니다. 그들의 공통점은 자신의 일에 대해 스스로 높은 가치관을 부여하고 또한 자긍심을 정립하고 있다는 점입니다.

오랫동안 지치지 않고 전문성을 키우려면 자신의 역량과 자신이 진정 좋아하는 분야의 직업을 선택하는 것이 좋습니다.

휴식의 달콤함은
일하는 사람만이 안다

If all the year were playing holidays;
To sport would be as tedious as to work.

만약 하루하루가 휴일과 같다면
노는 것도 일하는 것만큼이나 지루할 것이다.

바쁜 것은 대체로 바람직하지만 지나치게 바쁘면 삶에서 만끽할 수 있는 소중한 것들을 의미 없이 지나쳐 버릴 수 있습니다. 부지런히 일한 후의 휴식은 중요한 일만큼이나 중요합니다. 하지만 현대의 사람들은 무엇에 쫓기듯이 열심히 일한 후에, 일할 때보다 더 열심히 놉니다. 소중하게 주어진 재충전의 시간이 실제로는 과음, 과격한 운동 등으로 몸과 마음을 더욱 지치게 해서 휴식을 취한 다음 날을 더욱 힘들어하는 경우를 많이 볼 수 있습니다.

⋮

잘못된 휴식습관을 가진 사람에게 진정한 휴식은 존재하지 않습니다. 이것은 사회적으로 올바르게 형성되지 못한 휴식문화에서 그 원인을 찾을 수 있습니다. 휴식은 단순히 일을 중단하고 쉬는 차원에서 벗어나 삶의 질을 높여주는 것에서 의미를 찾아야 합니다. 휴식은 각자의 개성에 따라 그 방법을 달리할 수 있습니다. 자신에게 알맞은 휴식 방법을 찾아서 고갈된 에너지를 보충하고 다시 정상적인 활동의 밑거름이 될 수 있는 에너지를 얻는 행위가 휴식의 진정한 의미입니다.

틈나는 대로
교양과 상식을 넓히자

Read not to contradict and confute,
nor to find talk and discourse,
but to weigh and consider.

논쟁하거나 오류를 찾기 위해,
또는 대화나 이야기 소재를 찾기 위해 책을 읽지 말고
사색과 깊은 사고를 하기 위해 책을 읽어라.

우리는 사회생활을 하며 "상식이 없다.", "상식에 벗어났
다."고 하는 말과 상황을 자주 접할 수 있습니다. 하지만 일반
적으로 상식의 정의는 매우 모호해서 그에 대한 확실한 범주
를 정하기가 매우 어려운 경우도 있습니다. 사람은 상식이 없
는 사람이라는 소리를 들으면 매우 불쾌해합니다. 그래서 그런
소리를 듣지 않으려면 상식과 교양을 함양할 수 있도록 노력을
할 필요가 있습니다. 상식과 교양은 평소에 보고 들은 정보들

을 나름대로 분석하고 판단하는 과정에서 무의식적으로 뇌 속에 저장되게 됩니다. 이 잠재의식 속에 저장된 정보를 올바른 방법으로 자신의 지식으로 받아들여야 높은 수준의 상식과 교양으로 발전할 수 있습니다. 우리는 간혹 실생활 중에 특별하게 정한 규정이 없다고 어찌할 바를 모르는 경우가 있는데 이럴 때는 상식적인 판단에 의해 처신하면 큰 문제 없이 해결할 수 있는 방도를 찾을 수 있습니다. 반면에 상식적이지 않은 판단과 행동으로 낭패를 보는 경우를 볼 수 있습니다.

요즘은 휴대용 기기를 통해서도 틈나는 대로 상식은 물론 교양을 넓힐 수 있는 기회가 많습니다. 시간이 없다는 탓을 하기 전에 틈틈이 독서를 한다든가, 배울 점이 있는 사람들의 말에 귀를 기울이는 등의 노력이 필요합니다. 인간관계에서 가장 당황스러운 경우는 상식이 없는 사람과 상대해야 할 때입니다.

참된 인간성의
폭과 깊이는 무한하다

Don't be too timid and squeamish about your actions.
All life is an experiment.
The more experiments you make the better.

자신의 행동에 대해 너무 신경 쓰거나 고심하지 말라.
모든 인생은 경험이다.
더 많이 경험하다 보면 더 나아질 것이다.

인격이 훌륭하다는 평가를 받는 사람도 때때로 크고 작
은 실수를 합니다. 그러나 오히려 그러한 사소한 실수가 그의
인간적인 면모를 부각시키기도 합니다. 그 이유는 그가 인격자
로서 전체적으로는 큰 흠집이 없고 지금까지의 그의 행동이 그
러한 사소한 실수로 인해 지금까지 쌓은 신뢰가 흔들리지 않기
때문입니다.

우리가 알고 있는 훌륭한 위인으로 평가받는 사람들 중

에는 보통 사람들보다 훨씬 어렵고 불리한 여건을 이겨내고 자신의 분야에서 훌륭한 업적을 남긴 사람들이 많습니다. 그들이 모든 사람들에게 존경받는 까닭은 자신에게 닥친 역경과 불리한 환경에 굴하지 않고, 폭넓은 인간성으로 자신의 실수를 인정하고 긍정적으로 받아들였기 때문입니다.

자신에게 주어진 조건을 어떻게 받아들이는가에 따라 어리석은 마음을 가질 수도, 세상을 현명하게 헤쳐 나가는 지혜로운 마음을 지닐 수도 있습니다.

어리석은 사람은 세상을 긍정적인 방향으로 변화시키기보다는 세상이 자기를 알아주지 않는다고 화를 내고 사람들에게 동정을 구하려 듭니다. 현실에 불만을 품고 다가올 미래를 두려워하며 인생을 계획도 없이 살아갑니다.

반면 현명한 사람은 자신이 이 힘든 세상에 나온 것에 감사하는 자세로 마땅히 해야 할 일을 하며 살아갑니다. 세상은 누구에게나 똑같이 주어졌지만 누가 더 참된 인간성으로 가치 있게 사느냐의 문제입니다.

사람을 판단하는 척도

The ultimate measure of a person is not where
they stand in moments of comfort and convenience,
but where they stand in times of challenge and controversy.

사람을 판단하는 최고의 척도는
안락하고 편안한 시기에 보여주는 모습이 아닌,
도전하며 논란에 휩싸였을 때 보여주는 모습이다.

삶을 살다 보면 도저히 헤어날 수 없다는 좌절감이 들 경우가 있습니다. 그때 마음속에서는 두 개의 소리가 논쟁을 벌입니다.

한 소리는, 자신에게 닥친 위험의 특질을 철저히 파악하여 이 위기를 벗어날 방법을 찾아보라며 사려 깊게 타이릅니다.

또 한 소리는, 더욱 달콤한 이유를 들어가며 속삭입니다. '너에게 지금 닥친 위험은 너무나도 치명적이고 힘든 일이기 때문에 도저히 너의 힘으로는 해결할 수가 없으니 더 큰 위험이

오기 전에 여기서 하던 일을 멈추고 편한 마음으로 다음 기회를 엿보라'고 더한층 부드럽게 말합니다.

이 경우, 사람들은 대부분 후자의 소리에 호감을 느낍니다. 포기하는 것이 가장 편한 방법이기 때문입니다. 그 소리에 굴복한 사람들은 포기할 수밖에 없는 갖가지 이유를 대며 사람들에게 자신이 그럴 수밖에 없었던 이유를 합리화시키려고 합니다. 그러한 사람들은 일반적으로 다른 사람의 평가를 몹시 두려워하여 자신의 의지를 잃고 다른 사람의 기준에 자신을 내던집니다.

하지만 자신의 삶을 뜨거운 열정으로 살아온 사람은 절대 포기하지 않습니다. 그들은 위기에서 다시 일어날 방법을 심사숙고합니다. 성공한 사람들은 모두 그러한 과정을 거쳐 그 자리에 오른 것입니다. 사람의 강한 의지를 판단할 수 있을 때는 안락하고 평온한 시기가 아니라 곤경에 처했을 때 알 수 있습니다.

진실하면 방법이 보인다

Be without fear in the face of your enemies speak the truth,
always, even if it leads to your death
safeguard the helpless and do no wrong.
That is your oath.

적들 앞에서 결코 두려워하지 말라.
언제나 용기 있게 선을 행하고 생명을 걸고 진실을 말하라.
그것이 너의 소명이다.

우리는 누구나 미래에 대한 꿈과 희망을 간직하고 있으며 또한 불안과 공포를 동시에 지니고 있습니다. 하지만 어떤 마음이 더 강하게 작용하고 있느냐에 따라 상황은 매우 다르게 전개됩니다. 즉 진실하고 긍정적인 사람에게는 방법이 보이고 거짓되고 부정적인 사람에게는 핑계만 보입니다. 어떤 문제를 해결함에 있어 진실한 것이 가장 손쉬운 방법입니다. 진실하면 두려울 것이 없으므로 직선적이기 때문입니다. 이들은 자신의 의지에 따라 행하며 거짓이 없기 때문에 행동이 자연스럽고 품위가 있습니다.

반면 다른 사람의 눈치를 보며 자신이 원하는 것을 떳떳하게 드러내지도 못한 채 자신의 모든 것을 포기하고 다른 사람의 뒤를 맹목적으로 쫓아다니는 사람이 있습니다. 이들은 모든 일에 자신의 노력과 힘을 들이지 않고 이루려고 합니다. 이들이 결국은 어렵고 불가능한 방법을 찾는 이유는 당장 편하기 때문입니다. 이런저런 이유를 들어 일에 착수하지 않을 수 있기 때문에 부정적인 입장을 취하는 것입니다.

무엇이 좋고 무엇이 필요한 것인가를 결정하는 것은 최종적으로 오직 자신의 판단인 것이지 다른 사람의 말이나 행동이 아닙니다. 진실하면 좋은 방법을 찾을 수 있을 것입니다.

미래의 불안함을 대비하려면

*If you follow your dream, if you try to live as you dream,
the dream will be everyday life unexpectedly.*

꿈을 향해 자신 있게 걸어간다면, 꿈꾸는 대로 살고자 한다면,
그 꿈은 언젠가 당신의 매일 매일의 삶이 될 것이다.

통찰력이란 과거 현재 미래를 전체적으로 조망하고 해석
하여 그것을 이해할 수 있는 능력이라고 할 수 있습니다. 학자
들은 통찰력의 힘을 발휘하는 가장 중요한 관점은 현재이며, 현
재 시점의 여러 가지 상황 조건들을 이해하고 받아들이고 융합
하면 현재와 연결된 미래에 대한 예측까지 가능하다고 합니다.

경영 컨설턴트 학자 피터 드러커는 그의 저서 《마지막
통찰》에서 다음과 같이 말합니다.

"새로운 것을 창조하기 위해서는 과거의 것은 버려야만 한다. 미래에는 자신이 습득한 지식을 다른 여러 지식들에 적용하는 방법 즉, 지식을 다른 어떤 사람의 역량과 통합하는 능력에 따라 좌우될 것이다."

미래를 설계하는 가장 좋은 방법은 지식의 조화로운 결합으로 새로운 지식을 도출하는 것이 미래를 창조하는 것임을 말하고 있습니다.

창조성 하면 떠오르는 인물은 '스티브 잡스'입니다. 그는 자신이 구상하는 창조적 성과를 만들기 위해 미래형 인재를 등용하여, 그들의 능력을 최대한 끌어올리는 리더십으로 조직의 분위기를 형성하여 그들을 통해 조직적으로 분출된 창조적 에너지를 구체적인 현실적 성과로 만들어냈습니다. 현대사회는 특히 경영에 있어서 창조성을 강조하여 창조경영이라는 말을 사용합니다. 이처럼 현대 사회는 미래를 읽고 시장을 선도하는 기업만이 살아남을 수 있고, 개인 역시 마찬가지의 환경입니다. 4차 산업혁명이 몰고 올 산업구조의 변화가 사람들 사이에서 이야기되고 있습니다. 기대와 두려움이 섞인 모습으로 혁명적인 변화상을 여러 매체를 통해 보여주고 있지만 아직 그 실체와 실상이 우리들의 눈에 가시적으로 잘 보이지 않는 것 또한 사실입니다. 그래서 이대로 살다가는 혁명적 변화의 물결에 대응하지 못하는 사람과 기업은 심각한 위기 국면으로 접어들 것이라는 생각이 미래에 대한 두려움을 가중시키고 있습니다.

그럼에도 불구하고 한 가지 분명한 사실은 미래가 어떤 혁명적인 모습으로 우리 앞에 나타난다 하더라도 그 또한 사람이 주도한다는 점입니다. 지금부터라도 자신의 생각과 창의력을 높일 수 방법들을 개발하여 다가올 미래에 맥없이 무너지는 일이 없도록 해야겠습니다.

결심하면 강해질 것이다

Resolve to perform what your ought,
perform without fail what you resolve.

해야 할 일은 과감히 결심하라,
결심한 일은 반드시 실행하라.

병법에서 물을 등지고 싸우는 배수의 진은 사생결단의 전투를 하기 위하여 진을 치는 진법입니다. 초나라와 한나라가 천하의 패권을 놓고 다투던 중국 전국시대의 한나라의 장수 한신은 위나라를 격파한 여세를 몰아 조나라로 진격했습니다. 조나라는 이미 유리한 고지를 점령한 후, 만반의 준비를 갖추고 안전한 성벽 안에 주둔하고 있었는데, 한나라 장수 한신은 일부 병력만을 조나라 군대의 성문 밖에 매복시키고 전 병력은 강을 등지고 진을 쳤습니다.

이를 본 조나라 병사들은 "배수진은 병법에서도 금기하는 진법인데 강을 등지고 진을 치다니 한 나라의 장수 한신은 병법도 모르는 무능한 장수다."라며 자신들이 어렵게 구축한 성을 비우고 한신의 부대로 쳐들어 왔습니다. 적이 성에서 나오자 한신은 퇴각을 명하여 진을 친 강까지 퇴각을 했고 한편으로는 조나라 군이 성을 비우고 추격해 올 때 매복하고 있던 한나라의 군이 성 안으로 침입하여 성을 지키는 소수의 조나라 경비병들을 제압하고 한나라 깃발을 세우게 했습니다. 한편, 물을 등지고 배수진을 친 한나라 군은 죽기 아니면 살기로 결사 항전을 하니 조나라 군은 한나라 군의 기세에 눌려 퇴각할 수밖에 없었습니다. 그리고 성으로 돌아오니 이미 성은 온통 한나라의 기가 꽂혀 있었습니다. 이에 당황한 조나라 군을 한신의 부대가 맹공격을 퍼부어 대승을 거두었습니다. 싸움이 끝나고 승리를 축하하는 연이 벌어졌을 때 부장들은 한신에게 물었습니다.

"병법에는 산을 등지고 물을 앞에 두고 싸우는 것이 유리하다고 했습니다. 그런데 장군께서는 물을 등지고 싸워 마침내 승리를 거두었습니다. 이것은 대체 어떻게 된 일입니까?"

이에 한신이 부장의 물음에 답하였습니다.

"이것도 병법의 한 방법이오. 병서에 자신을 사지에 몰아넣음으로써 살길을 찾을 수가 있다고 적혀 있지 않소. 그것을 잠시 응용한 것이 이번의 배수의 진법이오. 원래 우리 군은 오랜 시간 원정을 하였기 때문에 정예부대가 아니고 원정 지역에서 제대로 훈련을 받지 않은 장정들을 충원한 군사들이 대부분이오. 만약 이들에게 도망가면 살 수 있다는 희망을 갖게 하였다면 군사들은 싸울 생각은 하지 않고 흩어져 달아나 버렸을 것이오. 그래서 도망갈 수 없는 사지에다 몰아넣은 것이오."

'배수의 진을 쳤다'라는 말은 더 이상 물러설 수 없는 막다른 곳에서 죽기를 각오하고 맞서는 것을 뜻합니다. 더 이상 물러설 곳이 없다고 결심하면 강해집니다.

원활한 소통의 비결

Think like a wise man but communicate
in the language of the people.

현자처럼 생각하되 소통은 보통 사람들의 언어로 하라.

진정으로 마음이 통하는 소통을 위해서는 상대에게 걸맞은 올바른 언어를 써야 합니다. 소통을 가로막는 한 가지 큰 장애는 이해하기 어려운 난해한 표현이나 용어를 사용한다는 것입니다. 어린이들과의 소통을 위해서는 그들의 눈높이와 입장에서 생각해야 하고 젊은이들과의 소통을 위해서는 그들의 문화와 언어, 그리고 그들의 고민을 진심으로 이해할 수 있는 마음가짐이 필요합니다. 원활한 의사소통은 다른 사람과 지속적으로 좋은 관계를 유지하는 데 필수적입니다. 일이 순조롭게 풀릴 때라도 자신의 잘못된 점을 말해주는 사람의 의견이나 또는 일이 잘 안 풀릴 때 진정으로 격려해 주는 사람의 의견은 진심으로 당신을 염려하여 말해주는 의견일 경우가 많습니다. 그들의 의견에 귀를 기울이고, 그런 말을 해주는 사람과의 소통을 소중하게 생각해야 합니다.

사람은 누구나 다른 사람의 관심을 받고 싶어 하는 본능이 있습니다. 그래서 종종 어떤 관건을 놓고 서로의 주장을 내세우며 논쟁을 벌이기도 합니다. 이때의 태도가 원활한 소통과 신뢰감을 갖는 인간관계에 있어서 가장 중요한 순간입니다. 그것은 상대방과 어떤 것에 대하여 논쟁할 때 서로는 생각하는 관점의 차이가 있을 수 있다는 것을 인정하는 자세입니다. 그래야 상대의 의견을 들어본 후 자신의 생각과의 차이를 좁힐 수 있습니다. 논쟁을 벌인 후에 관계가 더욱 악화되기도 하고 반면 이를 계기로 인간적으로 깊은 관계가 되기도 하는 것은 바로 상대에 대한 태도에 의해서 그렇게 되는 것입니다. 자신이 존중받기 위해서는 상대방을 먼저 존중하는 예절을 지켜야 합니다. 그러면 자연스럽게 서로를 존중하는 예절 바른 사람들과 어울리게 되며 좋은 인간관계가 형성될 수 있습니다.

진정한 명품

In order to be irreplaceable,
one must always be different.

대체할 수 없는 존재가 되려면,
그 사람은 항상 달라야만 한다

분명히 경제적으로 어렵다고는 하는데 왜 우리나라 명품시장은 불황을 모르고 성장하고 있는 것일까요?

2018년 우리나라에서 개최된 동계올림픽 선수단의 롱 패딩이 온 국민, 특히 청소년들에게 유행이 되었습니다. 거리에 나가보면 너도나도 하얀색, 검은색의 롱 패딩을 입은 청소년들이 모여 있는 것을 보면 마치 북극지방 펭귄들이 떼를 지어 서 있는 모습이 상상되어 웃음을 짓곤 하였습니다. 하지만 문제는 그 롱 패딩의 가격에 부모의 등골이 연상되어 또 한 번

쓴웃음이 나오지 않을 수 없었습니다.

　　명품의 가치는 희소성에 있다고 알고 있는 나에게 명품의 대중화는 이해하기가 힘들었습니다. 명품은 마치 자신만을 위해 존재한다는 느낌이 들게 해야 하는데 저토록 모두 명품을 입고 있으니 한쪽의 단정한 학생의 교복이야말로 명품이라는 생각이 들었습니다.

　　우리나라는 명품의 가치에 대해 잘못 이해되는 부분이 있는 것 같습니다. 우리나라의 명품은 상업적인 상술로 인하여 대체로 거품이 심하며 수입되면서 유통마진이 상도를 벗어난 경우가 적지 않습니다. 이렇듯 얄팍한 상술에 힘들게 번 돈이 무가치하게 소비되는 것은 정말 안타까운 일입니다.

　　명품으로 온몸을 감싸고 있다고 정말 자신이 명품이라고 남이 알아줄까요?

　　옷으로, 가방으로, 신발로 치장하는 인생이 아니라 자신의 삶을 진짜 명품으로 만드는 방법을 곰곰이 생각해 봅시다.

나비효과

All change, even very large and powerful change,
begins when a few people start talking with one another about
something they care about.

모든 변화, 심지어 아주 크고 강력한 변화라도,
몇몇의 사람들이 자신이 관심을 갖는 것에 대해
서로 이야기하는 것으로부터 시작한다.

'나비효과'는 중국 북경에 있는 나비의 날갯짓이 작은 바람을 일으켜 미국 뉴욕에서 허리케인을 일으킬 수도 있다는 이론입니다.

미국의 기상학자 에드워드 로렌츠(Edward Lorentz)가 1961년 기상관측을 하다가 생각해낸 이 원리는 카오스 이론으로 발전해 여러 학문 연구에 이용되고 있습니다.

큰 강도 작은 옹달샘에서 시작되고 한두 사람의 주장이나 아이디어가 사람들의 공감을 얻게 되어 주변으로 확산되면 이후 무서운 기세로 변화의 바람이 불기도 합니다.

　우리도 2016년 겨울, 이 같은 나비 효과의 거센 바람을 몸소 체험했습니다. 박근혜 대통령과 사적 관계에 있던 오랜 지인 최순실과의 국정농단에 분개하여 '그러면 안 되지'라는 마음과 마음이 한 마음이 되어 촛불을 들어 세상을 변화시키는 거대한 바람으로 돌변하는 촛불혁명을 직접 목격했습니다. 처음은 미약하지만 점점 세가 불어 불의를 물리치는 놀라운 기적을 경험했습니다. 군중의 공감을 불러일으키고 옳지 않은 것에 대한 저항이라면 그 약해 보이는 날갯짓에 동참할 많은 사람들이 기다리고 있다는 것을 알았습니다.

변할 수 있을 때
변화하라

Change is not merely necessary to life- it is life.

변화란 단순히 인생에 필요한 것이 아니다
- 그것이 인생이다.

바쁜 세상을 정신없이 살다 보면 세상이 어떻게 돌아가고 있는지 모를 때가 있습니다. 하지만 일도 중요하지만 세상의 변화에 촉각을 세우고 살아야 합니다. 나 역시 세상은 모두 이쪽을 향해 가고 있는데 나만 저쪽으로 가고 있는 것을 깨닫고는 급하게 방향을 바꿔 바쁘게 따라간 적도 있습니다. 이렇듯 미래에 대해 올바른 판단을 위해서는 사회적 변화에 민감해야 합니다.

'변할 수 있을 때 변화하라'

최고의 미래학자로 존경받는 앨빈 토플러의 말입니다.

낡은 생각의 틀에 갇혀 있으면 새로운 사고가 들어갈 틈이 있을 수 없고 결국, 개인은 물론 조직 역시 변신의 기회를 놓치고 도태되는 결과를 초래합니다. 자신의 울타리와 생활반경, 커뮤니티 속에 투영되어 이미 고착화된 자신을 변모시키기란 결코 쉽지 않은 일입니다. 마음으로는 항상 새로운 변화에 맞춰 변화해야 한다는 것은 알고 있지만 습성화된 편한 일상을 벗어나야 한다는 두려움은, 끊임없이 흔들리지만 결국은 제자리를 벗어나지 못하는 흔들의자 같습니다. 기존의 규칙에 익숙한 사람에게 변화는 두렵기만 합니다. 하지만 파괴적 변화가 없이는 새로운 변화 또한 없을 것입니다.

과거에는 힘과 조직의 일사불란함이 기회를 쟁취하던 방식이었다면 지금은 과거의 틀에서 과감히 탈피한 창의적 아이디어가 전반적인 변화를 주도하고 있는 시대입니다. 과거에 대한 집착은 새로운 변화에 대한 기회를 잡는 것 또한 어렵게 합니다. 새로운 변화에 적응하기 위해서는 옛 습관에서 벗어나야 합니다. 결심에 걸림돌이 되는 사람들이나 조직에서 과감하게 탈피하여 새롭게 출발해야 합니다. 허물을 벗어야 아름다운 나비가 태어나듯이 시대에 따른 변화는 밝은 미래를 열어줄 지름길이 될 것입니다.

부자가 될수록
두려움도 커진다

Fear of death increases in exact proportion
to increase in wealth.

죽음에 대한 두려움은 부(富)가 증가하는 것과
정확히 같은 비율로 증가한다.

죽음을 두려워하는 것은 생명에 대한 강한 집착 때문입니다. 하지만 어김없이 누구라도 이 문제와 만나지 않을 도리가 없습니다.

사람은 소중한 것을 지키기 위해 심혈을 기울이는 것처럼 재물에 대해서 상상을 초월하는 집착을 보이기도 합니다. 또한 경제적으로 부유할수록 죽음에 대한 두려움 또한 커집니다. 자신의 존재가치를 한껏 높여 주었던 부에 대한 애착이 몹시 크기 때문에 별수 없이 모든 것을 놓아주어야 하는 죽음의 공포 또한 큰 것입니다. 그래서 헤밍웨이는 소설 《무기여 잘 있거라》에서 다음과 같은 말을 남겼습니다.

'잃을 게 없다면 인생이 그리 버겁지 않을 것이다.'

그러나 인간이 진정으로 행복의 가치를 알게 된다면, 부를 얻기 위해 기울이던 욕망만큼 부로부터 도망칠지도 모릅니다. 어찌 보면 부는 그것을 소유하고 있지 않았을 때의 삶이 더 즐거울 수 있습니다. 일단 부를 손에 넣으면 가장 먼저 희망과 목표가 불분명해집니다. 또한 그렇게 원하던 부를 지님으로써 누릴 수 있는 쾌락이 그렇게 호화롭고 환상적이지만은 않다는 것을 비로소 깨닫게 됩니다.

감당할 수 없을 만큼의 재물에 둘러싸여 방탕한 삶을 사는 사람이 있습니다. 그는 엄청난 재물을 소유하고 있지만 큰 기쁨을 누리지 못합니다. 오히려 다른 사람의 시기와 반감을 사게 되고 이로 인해 주위 사람들을 경멸합니다. 이렇듯 부를 지키기 위해 노력하다 보면 주위 사람들로부터 비롯된 친절과

호의를 잃게 되고, 부를 얻기 위해 노력하던 그 사소한 행복들을 포기해야 합니다. 그토록 원하던 모든 것이 손에 들어오는 순간 두려움도 자라나기 시작되는 것입니다.

늦더라도 시작하는 편이 낫다

It is never too late to be who you might have been.

당신이 될 수도 있었던 사람이 되기에 결코 늦은 법이란 없다.

인생을 살다 보면 온 힘을 기울여 벌인 사업이 자신의 힘으로는 도저히 회복될 수 없는 상황에 처하기도 하고, 회복할 수 있는 길이 끊겨 멈추는 경우도 있을 수 있습니다. 이 상황에서 그곳에 주저앉아버리면 그대로 그동안 기울였던 모든 열정과 희망은 거기서 끝나는 것입니다. 하지만 새로운 관점이 있다면 그곳에서부터 다시 새 판을 짤 수 있습니다. 새롭게 시작할 수 없다면 그야말로 불행할 것입니다. 그러나 다시 시작한다는 것은 지금까지와는 다른 새로운 환경을 요구할 것입니다.

⋮

확고한 의식의 차원이 변하지 않는다면 현실은 조금도 움직이지 않을 것입니다.

인생을 새롭게 리뉴얼 할 수 있다는 사실은 얼마나 다행스러운 일인지 모릅니다. 그동안 기울였던 노력과 땀, 특히 지난 세월에 대한 안타까움과 자신의 나이에 대한 회의로 새로운 도전에 대한 두려움이 엄습할지도 모릅니다. 하지만 나이란 그저 숫자에 불과합니다. 열망하는 것이 있다면 몇 살이든 어떤 환경에 있든 당장 실행에 옮겨야 후회하지 않는 삶이 됩니다. 늦은 나이에 자신이 하고 싶은 공부를 할 수도 있고 취미 생활을 할 수도 있으며, 인생에 대한 태도를 바꾸어 완전히 다른 새로운 나로 출발할 수도 있습니다. 변화하면 새롭게 태어난 것이나 다름없습니다. 갓난아기가 누구에게나 사랑받는 이유는 새로운 사람이기 때문입니다.

⋮

플랜 B도 계획하라

The majority of men meet with failure
because of their lack of persistence in creating new plans
to take the place of those which fail.

대부분의 사람들은 실패한 계획을 대신할
새로운 계획을 만들어내는 끈기가 없어 실패한다.

옛날에 어느 장수는 적의 침입에 대비하여 성을 쌓을 때 반드시 돌담을 두 겹으로 쌓았다고 합니다. 노출되어 있는 돌담의 배후에 또 하나의 돌담을 쌓은 것입니다. 하나의 돌담이 무너지더라도 성은 함락되지 않습니다. 바로 플랜 B를 만들어 안심을 취했던 것입니다. 평화가 지속되기 위해서는 그것을 변함없이 유지할 방비가 튼튼해야 합니다. 큰 성공을 거둔 사업가라고 해서 세운 계획대로 항상 성공만 하는 것은 아닙니다. 그들은 실패할 경우에 대비하여 플랜 B를 계획하고 있으며 만

일의 경우에도 대비합니다.

사람들이 가장 두려워하는 것은 목표로 했던 것이 실패했을 경우에 무엇을 해야 할지 방황한다는 것입니다. 모든 계획이 일에 대한 성공에만 온 힘을 기울이다 보니 미처 실패를 대비하지 못했던 것입니다. 이때 플랜 B는 실패에 대한 두려움에서 벗어나게 해 줍니다.

자신의 운명은 스스로 지켜야 합니다. 세상은 한 번도 완벽한 평화가 존재한 적이 없었습니다. 안전하다고 생각하는 지금 플랜 B를 세워놓아야 어떠한 변화에도 살아남는 생존의 필수조건이 됩니다. 성공하는 사람들의 이기는 습관에는 반드시 플랜 B가 함께 했었음을 기억하십시오.

새로운 것을 동경하는 인간

You always admire what you really don't understand.

당신은 언제나 이해할 수 없는 것을 동경한다.

파스칼이 수학자, 물리학자, 발명가, 작가 등 여러 분야에서 활동하고 훌륭한 업적을 이룩한 것은 끊임없는 호기심 때문이었습니다. 호기심이 있으면 알게 되고 알면 이해하게 됩니다. 인간이 새로운 영역에 끝없이 도전하는 이유입니다. 이러한 인간들의 호기심으로 인하여 인류의 정신적·물질적 영역은 무한히 확장되었습니다. 만약 인간이 이해할 수 있는 범위 안에서만 자연과 사물의 현상에 집중했다면 인류는 이미 오래전에 그 한계에 도달했을지도 모릅니다.

'하늘 아래 새로운 것은 없다'라는 말이 있습니다. 이미 많은 분야에서 이전에는 생각지도 못했던 물건들이 새롭게 생산되었고 앞으로도 더욱 편리하고 획기적인 것들이 우리의 실생활에 나타날 것입니다.

세상에는 아직도 자연은 물론이고 생명현상 중에도 규명되지 않은 분야가 너무도 많습니다. 호기심을 갖고 지금까지와는 다른 시각으로 사물을 본다면 당신에 의해 세상은 바뀔 수도 있습니다.

인간의 속성

We all have strength enough to endure
the misfortunes of other.

우리는 남의 불행에 대해 견딜 만한 충분한 힘을 가지고 있다.

인간은 끊임없이 남과 비교를 합니다. 남이 나보다 가진 것이 많으면 부러워하고, 고통스러운 모습을 보며 자신의 무탈함에 위안으로 삼습니다. 인간은 타인의 어떠한 고통보다 자신의 손톱 밑 가시에 더 아파하고 괴로워합니다. 이처럼 자신이 지닌 것에 감사함을 모르고 오직 자신에게 부족한 것만을 찾다 보면 주위를 돌아볼 여유가 있을 수 없습니다.

세계 각국에서 일어나는 엄청난 자연재해, 굶주림으로 인한 사망 등 불행한 일은 끝없이 일어나지만 우리는 아무렇지도 않게 오늘도 살아가고 있습니다. 한 통계에 의하면 우리나라 사람들의 새해 결심으로 무려 42%가 체중조절을 1순위로 설정하고 있다고 합니다. 너무 많이 먹어서 체중이 불어나니 음식을 조절하여 몸매를 가꾸겠다는 것입니다.

인간의 욕심은 언제나 자신에게 부족한 것만을 생각하고 다른 사람의 부족에는 관심이 없습니다. 그리하여 욕심을 좇아 살아가는 사람은 나누는 삶의 달콤함을 맛볼 수 없습니다.

유엔 산하 기구인 세계식량계획(WFP)의 발표에 의하면 2017년, 전 세계 인구 9명 중 1명에 해당하는 7억 9500만여 명이 기아에 굶주리고, 이 중 33%가량은 영양실조를 겪고 있다고 합니다. 또 전 세계 5세 미만 영, 유아 사망의 절반 이상이 굶주림 때문인 것으로 조사되었습니다. 세계 인구의 43%가 정수되지 않은 지하수를 식수로 마시고 있고 33%는 화장실조차 없는 형편입니다. 그들의 아픔에서 연민과 공감의 심성을 갖추어야겠습니다.

선택이 우리의 인생을 바꾼다

Life is the sum of all your choices.

인생은 당신이 선택한 결과의 산물이다.

우리는 자신이 해야 할 행위를 끊임없이 선택합니다. 삶에 대해서 올바른 선택을 할 수 있는 것은 그 사람의 성숙도에 의해 결정됩니다. 세상의 모든 것이 그렇듯이 삶에 있어서의 선택도 숙성과정을 거쳐야 좀 더 현명한 선택을 할 수 있습니다.

애초에 모든 점에서 완벽한 선택을 한 사람은 없습니다. 선택은 주어진 여건과 정보로 결정하게 되는데 나중에 잘못된 선택을 했다는 문제점을 발견했다 해도 당시로써는 그것이 자신이 취할 수 있는 최선의 선택이었음을 받아들이고 피해를 최소화하기 위해 노력해야 합니다. 냉정하고 신중한 태도로 불리한 상황을 극복하고 새로운 희망적인 상황으로 전환할 수 있는 방법을 모색하는 것이 현명한 태도입니다.

경험이 부족하고 자신을 도와줄 인맥 또한 없을 때, 자신의 선택과 신념을 아무도 인정하지 않을 때 그것을 지키는 것이 너무도 힘든 과정이라고 할지라도 해결해야 하는 사람은 오직 자신밖에 없습니다.

선택한 후 결과에 대해서 '그래서'라는 핑곗거리를 찾기보다는 '그럼에도 불구하고'라는 정신이 필요합니다.

위대한 사상은
언젠가는 실현된다

Most of the important things in the world
have been accomplished by people
who have kept on trying when there seemed to be no hope at all.

이 세상의 위대한 업적들은 희망이 보이지 않는 상황에서도
끊임없이 도전한 사람들이 이룬 것이다.

세상은 여러 분야에서 본질을 꿰뚫어 보는 선각적인 사람들의 위대한 사상에 의해서 비약적인 발전이 이루어져 왔습니다. 이들의 주장은 처음엔 현실의 안정을 지키려는 보수적인 사람들의 반발을 불러오기 때문에 받아들여지기 쉽지 않지만, 시간이 흐른 후 많은 사람들이 그때 그 사람의 주장을 이해하기 시작하면 폭발적인 에너지가 축적되어 결국 사회적인 변화가 일어납니다.

위대한 사상일수록 당시에는 그것을 알아보는 사람이

드뭅니다. 결국 그들의 위대한 사상은 빛을 보지 못한 채 잊혀지거나 그것을 주장한 사람의 사후, 또는 먼 훗날에나 실현되곤 합니다. 현실세계에서 진보적인 그런 주장을 한 사람은 지지를 받기는커녕 맹렬한 비판을 받기 일쑤입니다. 위대한 사상일수록 세상의 변화를 요구하는 것이기에 현실에 안주하고픈 사람들의 공격을 받는 것입니다. 이렇듯 온갖 고난을 이겨내고 자신의 사상을 펼치려면 그 정신적, 육체적 고통은 상상을 초월합니다.

중세기 갈릴레오는 지구가 둥글다고 고집하다가 종교재판에 의해 사형에 처해졌습니다. 신대륙을 발견한 콜럼버스의 항해에 사람들은 먼바다 끝 어딘가에서 끝없는 낭떠러지로 떨어질 것이라 생각했습니다. 하지만 그들의 남다른 생각들은 당시에는 큰 호응을 받지 못했지만 세월이 흐른 후, 그들의 말이 옳았음이 증명되었고 인류사에 위대한 빛을 던진 위인으로 기억되고 있습니다.

올라갈 때가 있으면
내려갈 때가 있다

Life is like a roller coaster,
it has its ups and downs.
But it is your choice to scream or enjoy the ride.

인생은 롤러코스터와 같아.
높이 치솟아 오르기도 하고 아래로 곤두박질치기도 하지.
하지만 비명을 지르든 그것을 즐기는 것은 자신의 선택이야.

감정이 격할 때는
약속을 하지 말라

In the midst of great joy do not promise anyone anything.
In the midst of great anger do not answer anyone's letter.

환희의 순간에는 누구에게라도 어떤 약속도 하지 마라.
분노가 극에 달했을 때는 누구에게라도 답장을 쓰지 마라.

분노(anger)와 위험(danger)은 한 글자 차이입니다. 마음이 온통 분노로 가득 차 있을 때는 돌이킬 수 없는 말과 행동이 자신도 모르게 충동적으로 나올 수 있습니다. 정제되지 않은 이러한 행동으로 인하여 다른 사람의 외면을 받게 되고 나아가 삶을 황폐하게 만들기도 합니다.

마음이 분노로 차 있을 때에는 행동을 하기 전에 속으로 하나, 둘… 열까지 세어보세요. 이러한 행동이 습관이 된다면 나중에는 숫자를 셀 필요도 없이 분노를 가라앉힐 수 있는 좋은 습성이 될 수 있습니다. 마찬가지로 어떤 일에 고무되어 마음이 들떠 있을 때도 조심해야 합니다. 들뜬 기분에 이행하기 힘든 약속을 남발할 수 있습니다. 그 때문에 뒷감당하느라 시간적, 정신적, 물적 고통이 따를 뿐만 아니라 그 약속으로 인해서 인간관계를 피할 수밖에 없는 상황이 되기도 합니다. 약속을 어길 경우 가장 큰 피해는 신뢰를 잃게 된다는 것입니다. 그러므로 약속은 매우 신중하게 해야 합니다. 감정이 격해있을 때는 누구나 거짓말쟁이가 된다는 말처럼 극단적인 표현이나 행동을 하기 쉽습니다.

누군가의 마음과 신뢰를 얻고자 한다면 약속은 신중하게 하고 약속한 사항은 신속하게 실행해야 합니다. 졸속으로 약속하여 제대로 실행을 하지 못하면 당신이 그토록 얻고 싶었던 그 사랑이, 또는 그 사람이 자신에게서 멀어져 가는 아픔을 경험할 확률이 높습니다.

남을 배려하면
자신도 돋보인다

When you save face for others, your face looks better too.

다른 사람의 체면을 세워주면, 당신의 얼굴도 보기 좋아진다.

　　자신의 주위에 도와줄 사람이 아무도 없을 때는 스스로 자신을 방어해야겠지만 제삼자에게 어떤 설득을 해야 하는 일에 제삼자가 곁에서 거들어주고 변호해 주면 자신의 주장을 펼치거나 행동할 때, 객관성을 띠게 되어 훨씬 더 다른 사람들에게 신뢰감을 줄 수 있게 됩니다. 우리는 자신의 삶의 당사자이기도 하지만 다른 사람의 삶의 협력자가 되기도 합니다.

　　인간은 타인의 결점을 들추어서 자신의 존재를 부각시

키고 싶어 하는 경향이 있습니다. 하지만 그때마다 드러나는 것은 자기 안에 감추어진 약점이라는 것을 알아야 합니다. 자신만 돋보이려 한다거나 남을 깎아내리는 데 주력하다 보면 공멸의 길을 걷게 됩니다. 누군가에게 다른 사람을 비난하면 그 말을 전해 들은 사람은 물론 그 말의 당사자 역시 당신에게서 등을 돌립니다. 세상을 살아감에 있어 서로 의지하며 힘을 합칠 동지 대신 적을 얻게 되는 결과를 낳는 것입니다. 그렇지 않아도 문제가 산적해 있는 인생인데 적이 많아지면 가시밭길을 걸어야 합니다.

우리는 눈에 보이는 어떤 대상이나 또는 현상에 대하여 좋다/싫다, 아름답다/추하다, 행복하다/불행하다 등 이분법적으로 받아들입니다. 이것은 자기만의 색안경을 끼고 세상을 바라보고 있기 때문에 있는 그대로 보지 못하고 받아들이지 못하는 것입니다. 하지만 배려심이 높은 사람은 포괄적으로 상황을 판단하고 이해하려고 노력합니다. 그들은 자신의 행복을 소중히 여기되 다른 사람의 행복도 소중히 여길 줄 아는 사람이며 누구나 인격을 존중받을 권리가 있음을 인정하는 사람입니다.

⋮

자신의 행동이나 재능은 타인을 기쁘게 할 수 있을 때 비로소 그 가치가 돋보입니다. 그러한 행동은 점차 남의 인정을 받게 되고 자신이 베푼 것보다 상상할 수 없을 만큼의 보답을 받게 됩니다.

나 자신은 오늘 행복하기 때문에 다른 사람의 불행을 외면한다면 내일 나 자신이 다른 사람의 행복으로 인해 불행해질 수도 있습니다.

올라갈 때가 있으면
내려갈 때도 있다

Be nice to people on your way up
because you meet them on your way down.

당신이 올라가면서 만나는 사람들을 잘 대해 주라.
왜냐하면 당신이 내려갈 때
그들을 만나기 때문이다.

자신의 큰 성공에 대하여 온 세상이 자기를 위해 존재하는 것처럼 스스로에 대하여 겸손한 마음을 갖지 못하고 거만하게 행동하는 사람을 볼 수 있습니다. 마치 자신의 존재가 다른 사람을 지배하고 있는 양 약자를 무시하는 행동에서 우리는 그 사람의 가치를 가늠해 볼 수 있습니다. 사람의 가치는 무엇을 소유하고 있는가로 결정되지 않습니다.

자신의 내면에 이기적인 욕망으로 이글거리는 탐욕스러운 모습, 예전의 그 순수한 열정과 성실함이 사라진 모습에서 아무리 많은 재산을 소유한들 무슨 가치가 있는가 하는 의미를 깨닫습니다.

법정 스님의 《홀로 사는 즐거움》에는 다음과 같이 사람의 가치에 대해 정의하고 있습니다.

'나 자신의 인간 가치를 결정짓는 것은 내가 얼마나 높은 사회적 지위나 명예 또는 얼마나 많은 재산을 갖고 있는가에 있는 것이 아니라 나 자신의 영혼과 얼마나 일치되어 있는 가에 있다.'

삶을 살다 보면 예측할 수 없는 많은 일이 일어납니다.

길을 걷고 있는 중에 생각지도 못한 교통사고가 일어날 수도 있고, 기대했던 승진명단에서 탈락되기도 하며 노력했지만 사업에 실패할 수도 있습니다. 하지만 중요한 것은 삶이 고통에 처했을 때, 좌절하지 말아야 한다는 것입니다. 이때가 진정으로 그 사람의 가치를 판단할 수 있는 좌표가 됩니다.

아무리 힘들고 어려운 상황일지라도 사람이 적응하지 못할 상황이란 있을 수 없습니다. 현실이 고통스러울수록 냉정하게 그 시기를 견뎌내야 합니다. 그렇게 인내의 시간이 지나면 반드시 반등의 시기가 찾아올 것입니다. 다행히 위기를 극복하고 행운이 찾아온다면 힘들고 어려웠던 때를 교훈 삼아 그 행운이 잘 유지될 수 있도록 세심한 관리가 필요합니다. 현재의 생활에 만족하여 힘들었던 과거를 망각한 채 자기관리를 소홀히 한다면 어디에선가 불행의 씨앗은 또다시 고개를 드는지 알 수 없습니다. 이렇듯 인생은 롤러코스터와 같아서 영원히 지속되는 행운도 또한 영원히 반복되는 불행도 없습니다. 올라왔을 때 겸손하지 않으면 내려갈 때 심리적 타격이 큽니다.

⋮

흉보는 일보다 쉬운 일은 없다

Open your mouth only if what you are going to
say is more beautiful than silence.

네가 하려는 말이 침묵을 지키는 것보다
더 아름다울 때만 입을 열도록 하라.

한 번 입에서 나온 말은 그 말이 좋은 말이든 아니면 나쁜 말이든, 시간이 흘러서 다른 얼굴을 하고 반드시 그 말을 한 사람에게 다시 회귀하는 속성이 있습니다. 이렇듯이 우리는 시간이 흐른 뒤에 언젠가 자신이 말한 어떤 이야기가 전혀 새로운 이야기가 되어 자신에게 되돌아오는 경우를 경험하게 됩니다.

우리는 신문, 방송 등에서 어느 정치인이 과거에 한 말과 행동을, 현재의 그의 처신과 비교하는 보도를 접합니다. 자신이 과거에 한 말로 인하여 신뢰받는 정치인으로 우뚝 서는가

하면, 예전의 행동과 비교해보니 그 정치인의 말은 믿을 수 없다는 여론의 뭇매로 인하여 정치생명을 위협받기도 하는 것을 자주 볼 수 있습니다.

말은 정말 조심스럽게 사용해야 합니다. 비록 사실일지라도 그것을 누군가에게 전함으로써 상황이 악화되는 말이라면 절대로 말해서는 안 됩니다. 사실 말은 실탄이 장착된 총보다 무서운 무기가 되기도 합니다. 말은 총기를 다루는 것보다 더 조심스럽게 사용해야 합니다.

당신은 지체할 수도 있지만
시간은 그러하지 않을 것이다

Waste no more time talking
about great souls and how they should be.
Become one yourself!

위인이나 위인의 조건에 대한 논쟁으로 시간을 낭비하지 말라.
스스로 위안이 돼라!

성공한 사람과 그렇지 않은 사람을 결정하는 것은 자신에게 주어진 한정된 시간을 얼마나 잘 활용했느냐의 여부에 따른 결과일 경우가 많습니다. 성공하는 사람도 시간이 부족하기는 마찬가지입니다. 그들도 일상적으로 처리해야 할 일, 상대해야만 하는 사람들이 있습니다. 그럼에도 불구하고 성공하는 사람들은 어떻게든 그것들을 위해 시간을 만들어 냅니다.

시간은 누구에게나 한 치의 오차도 없이 똑같이 주어집니다. 그렇다면 문제는 각자 그 시간을 어떻게 효율적으로 사용하는 시간 관리가 중요합니다.

시간 관리를 잘하려면 우선 자신의 생활 습관을 점검하고 불필요하게 허비되는 시간을 줄여야 하며 중요한 일, 급하게 할 일 등 우선순위를 정해야 합니다. 그리고 또 중요한 것 하나가 휴식입니다. 오랜 시간 동안 일을 한다고 성과를 더 많이 내는 것은 아닙니다. 잠시 일손을 놓고 효율적인 휴식을 취하는 것이 일의 능률을 더욱 높일 수 있습니다. 그래도 사람은 쉬면서 갈 수도 있지만 시간은 쉬는 법이 없습니다.

소망만으론
아무것도 이루어지지 않는다

Some people want it to happen,
some wish it would happen,
others make it happen.

어떤 사람들은 일이 일어나기를 바라고,
어떤 사람들은 그 일이 일어나기를 소망하며,
다른 이들은 그 일이 일어나도록 만든다.

사람은 누구나 성공하고 싶은 소망을 품고 있습니다. 그러나 무엇을 소망하는 것은 중요하지만 그것만 가지고는 아무것도 이룰 수 없습니다. 우선 명확한 계획을 세우고 실행해야 원하는 결과를 얻을 수 있습니다.

성공은 타고난 재능에 크게 좌우되지 않습니다. 성공은 새로운 모험에 과감하게 도전하는 용기를 필요로 하며, 안일하게 습관화된 게으름, 그리고 위기 앞에서 쉽게 포기하는 의지박약한 품성 등과의 과감한 단절을 요구합니다. 무엇을 이루겠다고 결심을 하면 결단을 해야 합니다. 결단의 한자어는 결정한다는 뜻의 결(決)과 끊다, 자른다는 뜻인 단(斷)으로 이루어져 있습니다. 결단이란 어떤 이루고자 하는 뜻을 세우고 그것을 이루기 위해서는 불필요한 모든 것들을 잘라내야 한다는 뜻입니다. 예를 들어 건강을 유지하겠다고 결심을 했다면 좋아하는 술, 즐기는 담배 등 건강에 불필요한 행동이나 습관을 절제해야 합니다.

고등학교 때 농구에 소질이 없다는 판정을 받고 팀에서조차 선발로 발탁되지 못하고 벤치에 앉아 있어야만 했던 마이클 조던.

그는 자신의 실력이 꿈을 이루기에는 턱없이 부족하다는 것을 깨닫고 자신에게 부족한 면을 찾아내어 남다른 노력을 합니다. 그 후 그는 세계 스포츠계에서 전설적인 농구 황제로 남았습니다. 세상에 저절로 이루어지는 것은 없습니다. 자신이 꿈꾸는 별(star)에 도달하기 위해서는 불필요한 행위를 삼가고 땀을 많이 흘려야 하는 것은 불변의 진리입니다.

진실은 꾸밀 필요가 없다

Son, always tell the truth.
Then you'll never have to remember what you said the last time.

아들아, 항상 진실하라.
그럼 지난번에 뭐라고 말했는지 기억할 필요가 전혀 없단다.

진실한 것이 가장 쉽게 이해되며 손쉽게 해결하는 열쇠가 됩니다. 그것은 보기 좋게 꾸밀 필요가 없으며 직선적이고 명쾌하기 때문입니다.

정의롭지 못하고 불공정한 사회에서는 능력에 비해 지나치게 높은 자리에 앉아 사람들을 흔히 볼 수 있습니다. 이렇듯 진실이 통하지 않는 사회에서는 노력하지 않고 쉽게 부를 쌓는 사람들에게는 관대하면서 공공의 이익을 위한 유익한 일을 하는 사람들을 무시하는 풍토가 있습니다. 그것은 내면의 순수한 진실을 외면하기 때문입니다. 세속적인 욕망에 쌓이다 보면 진실 따위는 가치가 없다고 여길 수 있습니다.

우리는 간혹 자신의 공을 높이기 위해 어떤 일에 대하여 과대 포장하거나 가식적인 행동을 하는 사람을 볼 수 있습니다. 하지만 그러한 행동이나 말은 곧 그 본질이 외부로 드러나기 마련입니다. 진실이 아닌 거짓은 문제를 혼란시키고 더 복잡하게 꼬이게 합니다. 진실은 어떠한 상황에서도 당황하지 않고 있는 그대로 표현하고 행동하면 됩니다. 우리는 진실한 것이 더 손쉽게 일이 풀리는 경우를 흔히 볼 수 있습니다.

그렇습니다. 진실은 꾸밀 필요가 없습니다. 더하거나 줄일 필요가 없는 진실, 그대로의 모습이 바로 문제를 해결하는 열쇠입니다.

작은 기부가 큰 기적을 낳는다

Make all you can, save all you can, give all you can.

벌 수 있는 한 얼마든지 벌고, 저축할 수 있는 한 최대한 저축하며,
줄 수 있는 한 모든 것을 주라.

가난의 불편함과 고통, 부끄러움은 겪어보지 않은 사람
은 알 수 없을지 모릅니다. 경제적인 가난에서 벗어나는 일이
하루아침에 일어날 수 있는 변화는 아니지만 가난은 가능하다
면 빨리 벗어나는 것이 좋습니다. 하지만 개인의 노력과 힘으
로는 어쩔 수 없는 국가의 부패, 전쟁, 기근 등으로 인하여 개인
의 힘, 즉 자력으로는 도저히 벗어날 수 없는 사람들이 우리가
살고 있는 이 지구촌에는 많이 있습니다. 우리의 작은 손길조
차도 절실한 이유입니다. 그들이 지금 원하는 것은 우리가 아

끼고 필요한 것을 바라는 것이 아닙니다. 어쩌면 우리에게 불필요한 것들이 그들에게는 절실하다는 것입니다.

TV에서는 기아에 허덕이는 그들의 참상을 볼 수 있습니다. 몸에 붙은 파리조차 쫓을 수 없는 힘이 없는 아이들, 먹을 것을 찾아 사방을 헤매는 엄마들, 굶어 죽은 아이를 땅에 묻는 부모들.

유니세프 한국위원회에 의하면 한 사람이 매월 2만 원씩 1년을 기부하면 영양실조에 걸린 어린이 100명에게 하루 세 번 고단백 영양식을 먹일 수 있다고 합니다.

2004년 겨울, 퇴근하고 집에 온 나에게 아내가 말했습니다.

"승현 아빠, 뉴스에 나왔는데 지금도 많은 한국의 아기들이 외국으로 입양되어 나간대요. 아기들을 돌봐줄 위탁부모들이 부족해서 자원봉사자들로 충원한다는데 그래도 돌봐줄 손길이 부족하대요. 나도 아기 한 명 집에 데려다가 돌봐줄까?"

아기 돌보는 일이 동정심만으로 할 수 있는 일이 아니라고 생각한 나는 쓸데없는 소리 하지 말고 살림이나 하라고 무시해 버렸습니다.

며칠 후, 아내는 상담을 하기 위해 아동복지센터를 갔다 왔다고 하며 마음을 굳힌 듯 나에게 말했습니다.

"승현 아빠, 내 마음에서 아이들을 도저히 떨치지 못하겠어. 딱 한 명만 돌봐줄게요. 그래야 마음이 편할 것 같아서 그래. 오늘 가서 신청서를 작성하고 왔는데 남편 동의만 받으면 돼요."

다음 날, 아내와 함께 아동복지센터를 방문하여 동의서를 작성하고 생후 2달 된 미선이라는 여자아기를 집으로 데려왔고 그 후 지금까지 우리 집에는 언제나 아기의 웃음과 울음소리가 끊이지 않고 있습니다. 돌이켜보면, 아기들을 통해 우리가 더 많은 은혜를 받습니다.

우리 부부가 아이들이 떠날 때 꼭 해주는 선물이 있습니다. 태극기와 조금 넉넉한 한복, 그리고 동영상과 그동안 찍은 사진을 정리한 앨범, 이름과 생년월일을 새긴 금 팔지에 우리 부부의 정성을 담습니다. 지켜주지 못한 가슴 아픈 미안함과 함께…

그렇게 외국으로 입양되어 떠난 아이들이 양부모님과 한국을 방문할 때면 우리 부부는 아이들을 만납니다. 미선이는 미국에서 초등학교 6학년 학생입니다.

우리 부부는 언젠가 우리의 딸, 아들들을 만나기 위해 여행을 떠나는 꿈을 간직하고 있습니다.

행복해지려면 속도를 늦추라

Life's tragedy is that we get old too soon and wise too late.

인생의 비극은 우리가 너무 일찍 늙고
너무 늦게 현명해진다는 것이다.

현대인들은 자기 자신에게 잠시의 시간도 배려하지 않는 것 같습니다. 가끔은 일기를 쓰듯이, 자신의 마음이 바쁜 자기를 잘 따라오고 있는지 확인하는 시간은 꼭 필요합니다. 그럼으로써 더 나은 발전을 위한 에너지를 충전하는 것입니다. 우리는 살면서 인생의 불확실성에 답답한 마음을 가질 때가 있습니다. 그것은 결과에 초점을 맞추기 때문에 그렇습니다. 하지만 무엇을 이룰까보다 나는 어떤 사람이며 어디쯤 가고 있는가가 삶의 의미를 찾기에는 더 중요합니다. 속도보다 방향이 더 중요한 이유입니다. 방향이 올바르게 향하고 있어야 의미 없이 소비되는 에너지를 절약할 수 있습니다. 누구에게나 자신의 본분과 직무에 꼭 필요한 일들이 있습니다. 꼭 해야만 하는 필요한 것을 '본질적인 일'이라 하고, 하지 않아도 자신의 삶에 큰 불편이나 해로움이 없는 것을 '비본질적인 일'이라고 할 때, 비본질적인 것에서 벗어나 본질적일 일에 치중하는 것이 삶의 방향이 올바르게 향하고 있다고 할 수 있습니다.

인간의 삶은 소중하며 한 번뿐입니다. 이처럼 소중한 삶을 본질적이지 않은 하찮은 일들에 소비하는 것은 잘못된 삶의 방향이라고 할 수 있습니다. 수시로 삶의 속도를 늦추어 자신의 일을 점검하고 나열하여, 그것들이 자신에게 본질적인 것인지, 비본질적인 것이지 판단하는 작업이 반드시 필요합니다.

바다를 항해할 때 필수적으로 필요한 것이 '나침판'과 배의 '현재 위치'입니다. 나침판과 배의 위치정보를 끊임없이 확인하며 항해한 후에야 비로소 목적지에 닿을 수 있듯이 인생길에도 수시로 확인이 필요합니다.

진정한 매력의 소유자들

No matter how old some people get,
they never seem to lose their attractiveness.
They merely move it from their faces to their hearts.

어떤 사람들은 아무리 늙어도 그들의 매력을 결코 잃지 않는 것 같다.
그들은 매력을 얼굴로부터 가슴으로 옮길 뿐이다.

멋지고 아름다운 외모는 마음을 설레게 하는 매력이 있습니다. 하지만 시간이 흘러도 변하지 않는 매력이 진정한 매력입니다. 부드러운 미소와 예의 바른 행동, 긍정적인 삶의 태도 등은 멋지고 아름다운 외적 매력 이상으로 깊은 인상을 남깁니다. 진정한 매력은 빼어난 외모나 재능 등의 외부적으로 보여지는 것에서보다는 이해심이나 배려와 같은 내면적인 느낌에 의해서 더 큰 매력이 생깁니다.

현대 사회는 개개인의 개성이 뚜렷하여 어떤 사람이 매

력적인 사람인지 정말 구별하기가 어렵습니다. 그래서 사람들은 스스로 경계의 울타리를 세우고 상대방의 진심을 의심합니다. 하지만 그렇게 해서는 진정으로 매력 있는 사람을 놓칠 수도 있습니다. 매력이 있는 사람은 상대의 배려에 감사할 줄 아는 사람이고 자신의 진정성을 서로 나눌 수 있는 사람입니다. 우리는 그들에게서 그 존재만으로도 한없는 위안과 용기를 얻습니다. 이렇듯 긍정적인 에너지를 주는 매력 있는 사람들과 함께하면, 혼자서 고군분투할 때보다 더 큰 용기와 힘을 얻을 수 있습니다. 그들은 주위 사람들이 불행한 일을 당했을 때 호들갑을 떨기보다는 자신이 도울 수 있는 일을 찾아 조용히 실행합니다.

누구나 젊은 시절 한껏 뽐내던 싱그러운 젊은 시절이 있습니다. 하지만 그 활기차던 매력은 우물쭈물하는 사이 변해갑니다. 어느 누구라도 생물학적인 노화를 피할 수 있는 사람은 없겠지만, 천성적으로 봉사가 몸에 밴 사람들은 노화가 매우 더디게 진행되는 특징이 있습니다. 이들이 진정한 매력의 소유자들입니다.

자기애가 지나치면

People who will not admit they've been wrong
love themselves more than they love the truth.

자신의 잘못된 것을 받아들이지 않는 사람들은
진리보다는 자신을 더 사랑하는 사람들이다.

모든 사람과의 관계가 원활하고 즐겁기만 한 사람은 없습니다. 다만 겸손한 사람일수록 타인에 대한 미움과 증오의 감정을 쉽게 누그러뜨립니다. 그러한 사람들은 다른 사람의 장점에 기뻐하며 깊은 이해심이 있습니다.

하지만 자기만을 사랑하는, 즉 자기애가 깊은 사람은 다른 사람의 결점을 들추어서 자신의 존재를 부각시키고 싶어 합니다. 그들은 자기 자신에게 만족하므로 자신의 장점은 크게 높이고 다른 사람의 작은 단점조차도 포근하게 감싸줄 마음이 없습니다. 자기애가 깊은 사람일수록 항상 자신의 주위에는 자기를 헐뜯고 나쁜 사람들이 많다고 불평합니다. 이렇듯 행복을 다른 사람과 함께 누리지 못하는 사람은 불행한 사람입니다. 그러한 사람들은 채워지지 않는 불만 속에서 어떤 다른 의미를 찾아보지만 어디에서도 그것을 발견할 수가 없습니다.

삶에서 중요한 일 중의 하나는 보다 선량하고 보다 바람직한 인간이 되고자 하는 노력입니다. 하지만 이미 자신이 훌륭한 사람이라고 생각하고 있다면, 우리는 과연 지금까지보다 더 훌륭한 사람이 될 수 있을까요?

자기 자신에게 만족하는 사람은 항상 다른 사람에게서 불만을 느낍니다. 하지만 자신의 부족함을 깨닫고 겸손한 사람은 항상 다른 사람에게는 만족합니다.

청춘은 고뇌의 계절

Life is half spent before we know what it is.

인생의 의미를 깨달았을 때는
이미 인생의 절반 이상이 지난 후이다.

청춘 시절의 대부분은 경제적으로 열악하고 사회적으로는 미약하며 장래도 불투명하기 때문에 힘든 시절을 보냅니다. 사람은 일반적으로 겪을 수 있는 그 시기에 걸맞은 행동과 정신을 요구합니다. 모든 일에는 때가 있습니다. 어린 시절에는 부모의 보살핌 안에서 어떤 구애도 받지 않고 마음껏 뛰어놀 시기입니다. 그러나 우리나라 어린이들의 생활환경은 안타깝게도 그렇지를 못합니다. 한창 뛰어노는 것이 가장 잘 어울리는 어린이조차도 치열한 경쟁 사회에서 남에게 뒤떨어지지 않기 위해 하루하루를 너무 바쁘게 보냅니다.

청춘 시절에는 에너지가 넘치는 젊음이 있기에 즐길 수 있는 일들이 많이 있습니다. 또한 치열하게 사색하고, 고뇌하고, 즐겨야 하는 시기입니다.

몇 년 전인가 서점가에는 한 대학교수가 저술한 《아프니까 청춘이다》라는 에세이 책이 베스트셀러가 되어 화제가 된 적이 있었습니다. 나는 책 제목에서 의아한 느낌을 받았습니다.

'청춘이 왜 아파야 하지?'

나는 책의 제목에서 기성세대의 그릇된 정책과 문화가 청춘들에게 큰 빚을 지게 한 원인이라는 생각을 했습니다. 미래의 청사진이 밝고 희망적이어야 할 청춘들에게 아픔을 물려준 것은 우리 기성세대의 잘못임을 고백하지 않을 수 없습니다. 그래도 내가 보낸 청춘은 열악한 환경, 경제적 빈곤 등으로 힘들었을지라도 노력 여하에 따라 얼마든지 극복할 수 있다는 희망이 있었던 것 같습니다. 튼튼한 신체가 곧 금수저였으니까요. 시대가 아무리 변해도 청춘의 가치는 그 어떤 것으로도 환산할 수 없는 소중한 재산이라는 내 생각에는 변함이 없습니다.

약속은 신중히 하라

Those who are slowest in making a promise are
often the most faithful in its performance.

약속을 늦게 하는 사람일수록 충실히 이행하는 경우가 많다.

약속에는 반드시 책임이 따릅니다. 거래처와의 약속, 친구와의 약속, 동료 간의 약속 등 우리는 많은 약속을 하며 살아갑니다. 약속이란 책임을 지겠다는 일종의 맹세입니다.

우리나라에서만 통용되는 상거래 방법으로 약속어음을 발행하는 경우가 있는데 약속된 날짜에 변제를 하지 못하면 아무리 큰 액수의 어음이라도 아무짝에도 쓸모없는 작은 종잇조각에 불과할 뿐입니다. 그럴 경우, 돌이킬 수 없는 피해가 발생하는 등 사회문제로까지 비화되는 경우가 있습니다. 특히 우리나라 출판업계 역시 책을 판매한 대금을 약속어음으로 받고 그것의 결제가 이루어지지 않아 많은 출판사가 도산하기도 했습니다. 잠시 어려운 입장을 모면하기 위해 약속을 남발한다면 반드시 큰 피해로 돌아오게 됩니다. 특히 남의 힘을 빌려야 실행 가능한 일은, 상대가 당장은 서운하겠지만 더더욱 함부로 약속하면 안 됩니다.

약속을 했으면 반드시 지켜져야 한다는 것은 인간관계에서 꼭 지켜져야 할 규범이며 불문율입니다. 만약에 당신이 약속 시간을 잘 지키지 않는 사람이라면 당신이 목표로 하는 성공의 시간도 훨씬 더 늦어질 수 있다는 것을 각오해야 합니다.

인도가 영국의 식민지하에 있었을 때의 일입니다.

어느 날 간디는 인도의 정치 지도자들과 회의를 하기 위해 회의 장소에서 기다리고 있었습니다. 그런데 약속 시간이 지나도록 참석자들이 나타나지 않았습니다.

약속 시간을 훌쩍 넘기고 참석자들이 모두 배석했습니다. 침묵을 지키던 간디가 무겁게 입을 열었습니다.

"여러분이 늦은 만큼 우리의 독립도 늦어졌다는 사실을 명심하시오."

정치 지도자들의 공약이 지켜지지 않으면 그 피해는 고스란히 선량한 국민의 몫으로 돌아옵니다.

계속되는 행운도
영원한 불운도 없다

The only sure thing about luck is that it will change.

운에 대해 한 가지 확실한 점은 운이란 변한다는 것이다.

자기만이 운이 따르지 않는다고 자학하는 사람을 볼 수 있습니다. 하지만 행복해 보이는 다른 사람들도 겉으로 드러내지 않지만 고통을 겪고 있거나 겪어 왔다는 사실을 알아야 합니다.

지금의 행운에 우쭐대거나 방심해서는 안 됩니다. 계속되는 행운도 영원한 불운도 없기 때문입니다. 변하지 않는 유일한 사실은 모든 건 변한다는 것입니다. 현재 형편이 좋은 건 현재가 그렇다는 것일 뿐 또 달라질 수 있습니다. 그 반대의 경우도 마찬가지입니다.

상황이 격변할 때 차분하게 자신의 행위를 돌이켜서 생각해 볼 수 있는 사람이 되어야 합니다. 시대의 흐름을 읽고 자신이 서 있는 자리를 정확히 판단할 수 있다면 어떤 일에서든 성공하는 선택을 할 수 있을 것입니다. 운이 좋을 때는 순풍을 잘 이용하고 역풍이 불 때는 소용돌이에 휘말리지 않도록 세심한 주의를 기울이는 지혜가 필요합니다.

자신의 인생을 옳은 방향으로 향하게 하기 위해서는 경험이 많은 사람의 의견을 경청하고 자신이 처해있는 현재를 파악한 다음, 직관의 힘으로 확신에 찬 결정을 내린다면 성공할 확률은 월등히 높아질 것입니다.

성공한 사람들은 대부분 이러한 과정을 거쳐 성공을 합니다. 하지만 실패한 사람들은 아무런 대책 없이 실패합니다. 그러면서 자신의 실패를 운이 따르지 않았다고 변명합니다.

운이 따르는 사람은 계속 따르는 것처럼 보이고 자신만 운이 따르지 않는 것처럼 생각되는 이유입니다. 운도 사람이 만드는 것입니다.

웃어라, 행복이 온다

Laugh and the world laughs with you.

웃어라. 그러면 세상도 너와 함께 웃을 것이다.

내 기분이 우울한데 세상이 아름답게 보일 리 없습니다. 세상의 모든 일이 자신이 뜻한 대로 되지 않는 경우는 많습니다. 철석같이 믿었던 일이 틀어지는 경우도 허다합니다. 삶이 자신의 뜻대로 이루어진다면 좋겠지만 세상사가 그렇게 매일 웃을 일만 넘치도록 만만하지 않습니다.

그렇다면 힘든 세상사에 웃을 일이 많지 않다면, 선택은 자신에게 있습니다. 부정적인 상황에 직면했을 때, 우리는 그러한 상황을 통제할 수도 또는 통제 불능의 상태로 만들 수도 있습니다. 중요한 것은 상황이 아니라 스스로의 선택입니다. 선택은 우리가 마음먹기에 달려 있습니다.

부정적인 선택을 한 사람은 이 세상 어디에 있어도 힘들고 괴로울 것입니다. 하지만 긍정적인 선택을 한 사람은 위기를 돌파할 대책을 강구할 것입니다.

누구나 다른 사람들이 알지 못하는 슬픔, 괴로움을 안고 살아갑니다. 온전히 자신이 감당하고 해결해야 하는 슬픔과 괴로움입니다. 그것이 표정으로 행동으로 나타나지 않게 하는 것이 자신이 해야 할 선택입니다. 슬픔과 괴로움의 늪에서 헤어 나올 수 사람은 오직 자기뿐입니다.

오직 자신만이 스스로의 힘으로 헤쳐 나가야 한다는 걸 깨달았다면 긍정적인 마음으로 보다 따뜻한 시선으로 바라보아야 합니다. 그러면 그때부터 자신에게 닥친 슬픔과 괴로움이 물러가기 시작합니다. 그때부터 세상이 나에게 관심을 보이기 시작할 것입니다.

노후 설계

About the only thing that comes to us
without effort is old age.

노력 없이 얻을 수 있는 유일한 것은 늙음이다.

현대인은 하루하루를 바쁘게 살지 않으면 손해 본다는 생각에 시간을 절약하며 바쁘게 살았지만 미처 계획적으로 노후를 준비하지 못했기 때문에 노년이 되어 자신에게 찾아온 남는 시간과 부족한 노후자금을 어떻게 조달하고 무엇을 하며 보내야 할지 모르는 상황에 당황해합니다. 그것은 자신을 위해 전체적인 인생 설계를 소홀히 한 탓이기도 합니다. 사람들은 오래오래 살기를 원하지만 막상 그렇게 되고 보니 노후에 보낼 효율적인 준비를 못한 것에 대하여 후회를 하기도 합니다. 그래서 무엇이라도 해서 삶을 유지하기 위해 노력하지만 모든 조건이 만만하지 않습니다. 체력도, 정신도 예전 같지 않은 시기에 변화된 세상에서 삶을 살아내는 것이 힘에 부치는 것은 당연한 것일 지도 모릅니다.

자본주의 사회에서 사는 한, 삶을 유지할 수 있는 최소한의 자금은 반드시 필요하지만 능력을 벗어나는 욕심은 자칫 자신의 삶을 황폐하게 만들 수 있습니다. 그래서 노년에는 새로운 정신무장이 필요합니다. 그것은 불필요한 소유로부터 얽매이지 않는 삶이라고 할 수 있습니다. 우리는 살면서 '있으면 좋겠다'라는 욕구를 가집니다. 하지만 불필요한 소유에 얽매이지 않는 삶은 '꼭 필요한가?', '이것을 소유하면 행복할 것인가?'를 스스로 자문하는 삶이라고 할 수 있습니다.

헨리 소로우는 자신의 저서 《월든》에서 다음과 같이 말하고 있습니다.

'우리가 집을 마련하고 나면 그 집 때문에 더 부자가 된 것이 아니라 실은 더 가난하게 되었는지 모른다. 우리가 집을 소유한 게 아니라 집이 우리를 소유하게 된 것은 아닐까? 우리는 집에 살고 있다기보다는 차라리 감금되어 있는 경우가 더 많다. 우리는 이웃 사람들이 소유하고 있는 정도의 집을 나도 가져야겠다고 생각한 나머지 가난하게 살지 않아도 될 것을 평생 집 마련을 위해 쪼들리는 삶을 살고 있다.'

자신의 능력에 맞는 재물을 소유하고 그 이상의 재물은 탐하지 않는 것이 행복한 노년을 보내기 위해 이상적인 정신자세일 것입니다. 사람은 더 많은 것을 차지하기 위해 허욕을 부림으로써 불행해지기도 합니다.

편한 곳에는 먹을 것이 없다

The ultimate measure of a person is not
where they stand in moments of comfort and convenience,
but where they stand in times of challenge and controversy.

사람을 판단하는 최상의 척도는
안락하고 편한 시기에 보여주는 모습이 아닌,
도전하고 곤란에 휩싸였을 때 보여주는 모습이다.

한때 미국으로 이민을 떠나는 것이 밝은 미래를 개척하
는 일이라고 하며 '아메리칸 드림'의 희망을 품고 가난한 우리
나라를 떠나는 사람들이 많았습니다. 그중에는 낯선 땅에 정착
하여 성공한 사람들도 있지만 대부분은 전문직이 아닌 허드렛
일에 종사하며 낯선 땅에서 이민 생활을 해야만 했습니다. 그
들에게는 언어 장벽이 가장 큰 문제였습니다. 이민자의 실정
을 잘 모르는 사람들은 영어로 소통을 하니 영어를 배우는 것
은 시간문제라고 생각하겠지만 미국에서 10년을 살아도 영어

를 제대로 할 줄 모르는 사람이 태반이라고 합니다. 그들은 대부분 코리아타운이 형성되어 있는 지역에 정착하여 살기 때문에 영어 한 마디 하지 않고도 불편 없이 살아갈 수 있었습니다. 코리아타운이라는 온실 속에서 벗어나기가 두렵기 때문에 미국에 살면서도 미국 사회에 적응을 하지 못하는 것입니다. 굳은 결심으로 이민을 강행하였다면 온실 속에서 곱게 자라는 화초가 아니라 야생의 비바람과 맞서 뿌리를 내리는 들꽃과 같은 삶이어야 했습니다.

맹자는 "우환이 있는 곳에서는 살고, 안락한 곳에서는 죽는다."라고 했습니다.

안락한 환경에서는 이상을 추구하려는 용기와 투지가 잘 생겨나지 않습니다. 또한 자신의 잠재력을 발휘할 수 있는 환경이 조성되지 않습니다. 자신이 이루고자 하는 꿈에 도달하고 싶다면 안식처를 박차고 나가서 귀찮고 괴로운 일이라도 할 수 있어야만 합니다.

아주 먼 옛날의 사람들은 아침이면 들로 나가 들짐승을

사냥하며 양식을 구했습니다. 농경사회에서는 이른 아침이면 논과 밭에 나가 씨를 뿌려서 곡식을 구했습니다. 인간은 습관적으로 일용할 양식을 구하기 위해서 들이나 논과 밭으로 나가 열심히 일하는 것이 자연스럽게 형성된 오랜 관습입니다. 그럼으로써 편히 쉴 수 있는 여건이 마련되는 것입니다.

　　현대사회 역시 마찬가지입니다. 생활방식이 변함에 따라 들이나 논과 밭이 각자의 일터로 변한 것일 뿐, 아침이면 삶을 유지하기 위해 안락하고 편한 보금자리를 털고 일어나 각자에게 맡겨진 일이 있는 밖으로 나가야 합니다. 일상의 행복을 유지하기 위해서는 활발히 활동해야 합니다. 대체로 사람들은 편한 잠자리에서 일어나기 힘들어하지만 일어나서 갈 곳이 있다는 것 자체가 큰 행복이라는 것을 알아야 합니다. 편한 곳엔 먹을 것이 없습니다. 치열한 생존 경쟁이 있는 그곳에 먹을 것이 있습니다.

존경받는 노년

Nature gives you the face you have at twenty,
it is up to you to merit the face you have at fifty.

20대의 얼굴은 자연이 준 것이지만,
50대의 얼굴은 그 사람이 이룬 공적에 달려 있다.

사람이라면 누구나 그렇지만, 특히 현대인은 늙는 것뿐만 아니라 늙어 보이는 것을 극도로 싫어합니다. 그래서 인위적으로라도 젊고 아름답게 보이기 위해 안간힘을 씁니다. 그래서 성형 등을 통해 외모에 투자하는 것에 관심이 높습니다. 사람이 나이가 들면 사람마다 어느 정도의 차이는 있겠지만 늙는 것은 당연한 일이고 자연스러운 것입니다. 자연스러운 늙음에서 우러나오는 멋진 노인을 보면 마음속에서 저절로 존경심이 우러나옵니다.

그러나 한편으로는 성격이 매우 옹졸하여 남의 눈살을 찌푸리게 하는 나이만 많이 먹은 노인을 볼 수 있습니다. 자신이 어떤 방향으로 자신의 노년을 만들어 가고 있는지는 생각하지 않은 채, 나이를 먹은 만큼 사회적으로 합당한 대우와 존경만을 바라는 이기적인 모습에서 우리는 자연스러운 늙음에서 느끼는 감정과는 달리 존경하는 마음의 조건을 찾을 수 없습니다.

인간의 삶을 두고 잘살았다고 하는 것에 대하여 확실한 어떤 기준이 있는지는 알 수 없지만 노력 없이 그냥 나이만 먹은 노인의 모습은 우리에게 깊은 감흥을 주지 못합니다. 인생을 달관한 듯 포근한 노인에게서 그 연륜에 대하여 경외심을 갖습니다.

나의 시간은 지금이다

Yesterday is history, Tomorrow is a mystery.
Today is a gift. That's why we call it the 'present'.

어제는 지나가 버렸고, 내일은 알 수가 없다.
오늘은 선물이다. 이것이 오늘을 '선물'이라고 부르는 이유다.

어느 심리학자의 연구에 의하면 사람들은 과거의 일 또는 미래에 대한 불안한 마음으로 가장 중요한 현재의 시간을 허비한다고 합니다. 하지만 이미 지나간 과거의 일은 되돌릴 수가 없고, 미래의 일은 누구도 장담할 수 없습니다. 자신의 과거의 삶이 올바르지 못했다는 것을 깨달았다면 과거의 나를 부수고 새로운 나로 변화해야 합니다.

또한 미래는 누구에게나 불확실합니다. 하지만 불확실하기 때문에 모든 가능성이 내포되어 있으며 현재의 시간이

⋮

176

앞으로 나아가지 않으면 결코 형성될 수 없는 것입니다.

영화 〈죽은 시인의 사회〉에서 미국 최고의 사립 명문 고등학교에 키팅(Keating)선생님이 부임합니다. 그는 첫 수업 시간에 '까르페 디엠(Carpe Diem)'이라는 말을 학생들에게 들려줍니다. 그 말은 '현재를 즐겨라'라는 뜻의 라틴어입니다.

키팅 선생님은 학생들이 오로지 명문대학인 아이비리그에 진학하기 위하여 현재의 모든 즐거움을 포기하는 학생들에게 안타까움을 느끼고 현재의 중요성을 가르치고 싶었던 것입니다.

'까르페 디엠!'

키팅(Keating)선생님의 이 말은 내일의 행복 때문에 오늘의 행복을 포기하지 말라는 충고입니다. 당신이 의미 없이 보낸 오늘은 어제 죽은 이가 그토록 바라던 내일입니다.

세상 변화의 파도에 올라타라

Risk! risk anything!
Care no more for the opinions of others, for those voices.
Do the hardest thing on earth for you.
Act for yourself. Face the truth.

위험을 감수하라. 그 어떤 것이라도!
다른 사람들의 소리에 더 이상 신경 쓰지 마라.
세상에서 가장 힘든 일에 도전하라.
스스로 행동하라. 진실과 마주하라.

각 분야에는 세상의 변화를 선도하며 두각을 나타내는 사람들이 있습니다. 그들의 모습에서 우리는 그들처럼 되고 싶다는 소망을 갖지만 대부분은 자신과는 상관없는 사람들의 일이라며 다시 일상 속으로 몸을 숨깁니다.

세상을 변화시키는 일은 그 변화에 맞춘 알맞은 때가 있습니다. 바로 그때, 실질적인 행동이 이루어지지 않으면 아무것도 이루어지지 않습니다. 그 시기를 놓치면 당신이 가장 먼저 획기적인 아이디어를 생각했다고 할지라도 다른 사람에 의해 이미 이루어질 것이며, 따라서 모든 영광은 그의 차지가 됩니다. 결국 성공을 한 사람은 어떤 일에 대하여 착수할 시점을 잘 포착하는 기술이 능한 행동가라고 할 수 있습니다.

모든 인간에게 공통적으로 주어진 한 가지 축복은 세상에 그 무엇도 완벽한 것은 없다는 것입니다. 누군가 아무리 큰일을 성공시켰다고 하여도 그것이 끝은 아닙니다. 그 지점에서부터 또 새로운 변화의 요구가 일어납니다. 그 일을 성공시킨 그 사람은 우리에게 더 큰 변화를 성공시킬 수 있다는 본보기를 보여주었던 것입니다.

인간의 의식을 바꿔놓은 인터넷, 유비쿼터스 세상으로 인하여 혜성같이 나타난 사람들이 세상의 모든 부를 싹쓸이하고 있습니다. 그리고 앞으로 도래할 4차 산업으로 인하여 또 어떤 사람들이 나타나서 세상을 변화시킨 위대한 인물로 기록될지 알 수 없습니다. 지금의 세상은 마치 한 치 앞도 분간하기 힘든 폭풍우가 휘몰아치는 바다 같습니다. 파도치는 거친 세상으로 뛰어드는 사람만이 모두가 부러워하는 영광을 차지할 수 있습니다.

꿈꾸는 방향으로
진군하라

If you follow your dream, if you try to live as you dream,
the dream will be everyday life unexpectedly.

꿈을 향해 자신 있게 걸어간다면, 꿈꾸는 대로 살고자 한다면,
그 꿈은 어느 순간 당신의 생활이 될 것이다.

무엇으로 인생을 설계할 것인가

목표에 한 걸음 다가가기 위해서 오늘 무엇을 할 수 있을까?

대부분의 사람은 성공하기를 열망하고 목표를 정해서 노력하지만 그럼에도 실패합니다. 실패의 가장 큰 이유는 무엇을 중점적으로 해야 할지 모르고 이것저것 조금씩 해보다가 안되면 그만두는 경우가 많기 때문입니다. 어떠한 일을 추진하는 데 있어서 모든 일을 한꺼번에 다 할 수는 없습니다. 어디에 강점을 두느냐에 따라 성패가 결정됩니다.

우리는 맛집을 찾아 길이 멀어도 마다하지 않고 그 음식점을 찾아갑니다. 그 이유는 그곳만의 노하우가 담긴 맛이 있기 때문입니다. 다른 사람이 쉽게 흉내 낼 수 없는 맛은 많은 사람의 공감을 얻습니다.

청춘의 시기는 인생의 수많은 길 중, 진짜 자신의 길을 찾는 탐색의 시기입니다. 하지만 탐색의 시기가 너무 길면 끝까지 탐색전만 벌일 뿐 결실을 맺지 못하고 대부분의 삶처럼 그저 그렇게 의미 없이 흘러갈 수도 있습니다.

누구나 자신이 관심 있는 분야의 정보에는 귀가 솔깃합니다. 이처럼 어디에 강점을 두느냐에 따라서 그 일에 관련된 정보에 관심을 갖습니다. 이때 필요한 것이 그 일에 대한 자신만의 철학과 기준입니다. 그런 관점이 있어야 다양한 정보에 대한 분류능력이 생깁니다. 자신만의 기준이 없다면 홍수처럼 밀려오는 정보의 바다에 허우적거리며 우왕좌왕한 인생이 됩니다.

세상이 일방적으로 정해 놓은 기준이 아닌, 자신의 기준으로 정한 목표에 다가가기 위해 오늘은 무엇을 할지를 정하는 일은 보람도 있고 하루하루가 새롭고 즐거울 것입니다.

실패는 지나가고 삶은 계속된다

Success is not final, failure is not fatal:
it is the courage to continue that counts.

성공은 확정적이지 않고, 실패는 치명적이지 않다.
중요한 것은 계속하려는 용기이다.

누구나 실패의 두려움을 안고 어떤 일을 실행합니다. 하지만 두려움의 근원은 바로 자기의 마음 안에 이미 존재하고 있습니다. 최악의 상황을 상상하며 부정적인 예측을 하며 스스로 두려움을 생산하고 있었던 것입니다. 많은 성공한 사람들은 그러한 두려움의 존재를 파악하고 물리친 결과를 우리 앞에 증명했던 것입니다.

성공학의 대가 데일 카네기는 하버드 대학의 연설에서 다음과 같이 말했습니다.

"사람들이 두려워하며 걱정하는 일 중 50%는 앞으로도 일어나지 않을 것들이다. 나머지 25%는 걱정한다고 해도 변하지 않는 일들이며 또한 10%는 다른 사람들과의 비교로 인해 생긴 열등감과 비판으로 이루어져 있으며, 나머지 10%는 경제적인 문제와 건강 등에 대한 걱정이다. 결국은 나머지 5%만이 실질적인 실패에 대한 걱정이라고 할 수 있다. 실패는 쓸데없는 걱정에 사로잡힌 사람들에게 찾아오는 것이다."

성공의 가장 중요한 조건은 실패를 했다는 사실 자체가 아니라, 실패를 대하는 태도와 마음가짐입니다.

농구 역사상 가장 위대한 선수인 마이클 조던은 선수 생활을 통틀어 약 9000번의 슛에 실패했으며, 300번의 경기에서 패배했고, 경기를 뒤집을 수 있었던 결정적인 찬스에서 29번의 실수를 했습니다. 그러나 그는 그것이 자신의 성공비결이었다고 말합니다.

"나는 중요한 슛을 놓친 결과에 절대 신경 쓰지 않습니다. 그 결과에 대해 신경 쓰다 보면 항상 부정적인 결과만 생각하게 되거든요."

시작해야 이룰 수 있다

The starting point of all achievement is desire!

모든 성취의 출발점은 꿈을 꾸는 것으로부터 시작된다!

가야 할 길이 너무 멀다 하여 너무 멀리만 바라보지 마십시오. 일단 시작해서 자신이 할 수 있는 일부터 하다 보면 막막해 보이던 일에도 길이 있음을 알게 됩니다. 많은 사람들은 아직 여건이 완전히 갖춰지지 않았다며 시작조차 하지 못하고 있지만 그 누구도 완벽한 조건에서 출발하는 사람은 없습니다. 하고 싶은 일이 있다면 일단 그것을 시작하세요. 세상은 저지르는 사람들의 차지가 되어 왔습니다. 모든 여건이 갖추어졌을 때나 좋은 기회가 왔을 때 시작하겠다는 사람이 성공하기는 사실상 거의 불가능합니다. 기회는 쏜살같이 지나가는 것이기에 기회다 싶으면 얼른 뛰어들어 잡아야 합니다.

문제는 할 수 있다는 자신감입니다. 어떤 일을 하든지 자신감이 없으면 가진 능력을 온전히 발휘할 수 없습니다. 설사 실패를 하더라도 훗날 하지 못해서 후회하는 일은 남기지 마세요.

새로운 일을 시작하는 용기 속에 당신의 새로운 능력을 발견할 것이고 그것이 촉매제가 되어 꿈꾸는 삶을 이룰 수 있을 것입니다. 위대한 건축물도 첫 삽에서 시작되고 평생 지속되는 관계도 첫 만남에서 비롯되듯이 시작을 해야 인생이 풀립니다. 시도하지 않으면 아무것도 이룰 수 없습니다.

우연한 성공은 없다

Success is, an amazing amount of the time,
a positive manipulation of failure.

성공이란 놀랄 만한 양이 투입된 시간과 실패를
긍정적으로 다룬 결과물이다.

성공에 이르려면 우선 많은 시간을 들여 노력해야 합니다. 그 과정에 필연적으로 실패도 경험하게 됩니다. 목표를 향해 가다 보면 조금씩 궤도를 수정하겠지만 끊임없이 자신이 정한 목표를 향해 조금씩 다가가고 있다면 십 년 후, 이십 년 후에는 성공을 향한 궤적이 놀랄 만큼 이어져 있을 것입니다. 한 방향으로 끊임없는 노력을 기울이다 보면 하늘도 감동하게 됩니다.

《성경》의 〈전도서〉 3장 1절에는 다음과 같은 말씀이 있습니다.

'하늘 아래 모든 일에는 시기가 있고, 모든 목적한 것에는 때가 있도다. 날 때가 있고 죽을 때가 있으며, 심을 때가 있고 심을 것을 수확할 때가 있다.'

이렇듯 모든 것에는 시기와 때가 있습니다. 이것을 크로노스의 시기, 카이로스의 시기, 플레루의 시기라고 합니다.

농사짓는 것에 비유한다면 씨를 뿌리는 크로노스의 시기, 뿌린 씨를 정성 들여 가꾸는 카이로스의 시기, 그리고 이 시기를 모두 이겨낸 후에야 결실을 맺는 때인 플레루의 시기가 찾아오는 것입니다.

성공을 향한 집념으로 이 모든 시기를 진정으로 노력했다면, '이틀만 더 남국의 햇볕이 열매 위를 비춰준다면 마지막 단맛이 완성'되는 것처럼 신의 손길 또한 합당한 행운의 결실을 맺도록 도와줄 것입니다.

성취감에 도취되지 말고
다음을 준비하라

Success is never a destination.
It is a journey.

성공은 결코 목적이 될 수 없어요.
그건 하나의 여정이니까요.

우리의 인생은 물의 힘을 빌려 돌아가는 물레방아처럼 끊임없이 새로운 일을 해야 하는 과정에 놓여 있습니다. 지나간 일에서 소중한 경험과 깨달은 바를 참고하여 일을 추진할 수는 있겠지만 과거에 연연해서는 앞으로 나아갈 수 없습니다. 어떤 일에 대해서 성공을 하였을 경우에도 성공을 자축하는 것도 필요한 일이지만 성공을 통해 얻은 경험을 새롭게 다시 일을 하기 위한 발판으로 삼는 일은 더욱 중요합니다. 실패했더라도 과거로부터 배운 게 있다면 실패한 것이 아니라 성공을 위한 발판을 한 단계 높인 것입니다. 크게 성공하는 사람들이나 기업은 성공의 기쁨은 잠시 누리고 바로 다음을 준비하는 것이 특징입니다.

연봉 10억대의 스타 강사 유소연 씨, 그녀는 대학입시에 낙방하고 재수를 해서 대학에 입학했지만, 졸업을 하고 보니 대한민국 어디에도 '삼류대' 출신에 영어도 못하고, 그 흔한 컴퓨터 자격증도 없는 무능력한 여자에게 문을 열어줄 회사는 없었습니다.

그녀는 세상에서 자신이 할 수 있는 일이, 자기를 받아줄 회사조차 없는 현실에 심한 부끄러움을 느끼고 많은 시간을 고민한 끝에 돈 한 푼 없이 무작정 호주로 어학연수 길에 올랐다고 합니다. 자신의 인생을 더 이상 불쌍하게 만들지 말자며 눈물로 맹세하며 떠났지만 낯선 이국땅에서 영어로 말 한마디 건네지 못하는 가난한 여학생이 할 수 있는 일이라곤 한국에서와 다를 바가 없었습니다. 그녀는 자기만의 독특한 방식으로 지독하게 공부해서 3개월 만에 IELTS를 통과했습니다. IELTS는 호주에서 토플 대신 보는 시험으로 최소 5.5 이상을 받아야 대학에 입학할 자격을 얻는 제도입니다. 그녀의 유학 생활은 그렇게 시작되었고 항상 "오늘을 다시 살라고 해도 이보다 더 열심히 살 수 없다."라는 말을 되뇌며 유학생활을 보냈다고 합니다. 그녀는 지금의 노력이 언젠가는 반드시 결과로 나타날 것임을 한 순간도 잊지 않고 노력했습니다. 그렇게라도 자신을 위로하지 않으면 당장이라도 고난한 현실에 굴복할 것만 같았습니다. 이러한 유학 생활이 영국으로, 미국으로 이어졌고 8년 만에 한국으로 돌아왔습니다.

귀국 후, 그녀는 아직은 아무도 알아주지 않는 여자였지만 이제는 어디에 내놔도 꿇리지 않는 당당한 여자로 변신했음을 스스로 느끼고 있었습니다. 그러한 자신감이 대한민국에서 가장 많은 수강생이 찾는 토익 강사로 자리를 굳히게 되었고 교수가 되었고 라디오에 출연하여 온 국민에게 영어를 가르치는 유명인사가 되었습니다.

그녀는 자신의 이야기를 책으로 펴내 베스트셀러가 되기도 했습니다.

《20대, 나만의 무대를 세워라》

그녀는 책에서 다음과 같이 말합니다.

"고인 물은 썩는다. 난 썩은 물이 되지 않기 위해 언제나 움직이려고 노력했다. 영어 강사 5년 차에 스타강사가 되었을 때 연봉은 이미 억대를 넘었지만 돈이 목표였던 적이 한 번도 없었기에 멈출 이유가 없었다. 내 무대를 더 넓히기 위해 계속 전력 질주했고, 덕분에 매년 연봉을 두 배 가까이 올릴 수 있었다. 나는 나 자신을 더 크게 키워주고 싶다."

변신의 기회를 놓치지 마라

They always say time changes things,
but you actually have to change them yourself.

사람들은 시간이 사물을 변화시킨다고 하지만,
사실은 자신이 그것들을 변화시켜야 한다.

세상은 완벽하게 보이는 것조차 변화의 과정을 거치게 되고 생각지도 못했던 개선이 끊임없이 이루어집니다. 이러한 변화의 과정에 신속하게 참여해야지 수수방관만 하고 있다가는 놓친 기차가 순식간에 나에게서 멀어져 가듯 따라가지 못하고 홀로 떨어져 방황하며 변화의 물결에 휩쓸려 표류하게 됩니다. 현대와 같이 하루가 다르게 변화하는 시대에 어떻게 대처해야 할지 모르는 사람들과 조직은 불안할 수밖에 없습니다. 개인은 개인대로 그동안 자신의 삶을 유지시켜온 지식과 경험이 한순간 쓸모없는 것이 될지도 모른다는 불안감에 휩싸여 있으며 기업 역시 새로운 변화의 물결에 두려움을 갖기는 마찬가지입니다. 그러나 비워야 새로운 것이 들어갈 자리를 만들 수 있듯이 변화를 바란다면 우선 변화하는 세상에 맞추어 그동안 자신의 생각과 의식을 지배하던 낡은 개념을 버려야 합니다. 그러기 위해서는 그 새로운 시대를, 바뀐 세상을 배워야 합니다. 이제 변신은 선택이 아닌 생존을 위한 현실입니다. 시대가 바뀌었음을 인식했다면, 지금까지와는 다른 더 높은 질의 삶을 얻고자 한다면 시대의 변화에 순응하고 변신해야 합니다.

자신 있게 행동하자

Put yourself on view. this brings your talents to light.

자신을 내보여라. 그러면 재능이 드러날 것이다.

자신감이 있는 사람은 남과 비교하지 않고 자신을 스스로 인정한다는 특징이 있습니다. 긍정적인 생각으로 적극적으로 도전하고 어떠한 고난에도 굴하지 않습니다. 즉 자신감이 충만한 사람에게는 어떠한 어려움이 앞을 가로막는다고 해도 중단이 없습니다. 그에게는 끝날 때까지 끝난 게 아닙니다. 이러한 특성은 자신이 사랑받을 만한 가치가 있는 소중한 존재이며, 무엇이든 할 수 있다고 믿는 마음이 있기 때문입니다. 자신에 대한 믿음은 정당성 있는 자기 확신에서 나옵니다.

대부분의 사람들은 갖가지 시도해서는 안 되는 이유를 들며 어떤 일을 시작조차 하지 않습니다. 시작에는 늘 두려움과 때로는 고통이 수반되기 때문입니다. 하지만 더 큰 문제는 시작한 사람들 중 상당수도 중도에 열정이 고갈되어 포기함으로써 큰 시련에 직면한다는 것입니다. 쓰러지고 넘어지는 일은 세상에 흔히 있는 일입니다. 중요한 것은 다시 일어서느냐의 문제입니다.

다시 일어서서 성공한다면 그것에 대한 가장 큰 보상은 내 방식이 옳았다는 걸 세상에 입증하는 것입니다. 성공하면 세상이 나의 말에 귀를 기울입니다. 또 과거에는 성공에 걸림돌이 되었던 여러 가지 조건들마저 성공을 빛나게 해주는 소품이 됩니다. 과거에는 이 소품들의 위세에 눌려 기를 펴지 못했는데 통렬한 설욕을 하게 되었으니 인생에서 이런 극적인 환희도 없을 것입니다. 성공의 반대는 실패가 아니라 포기라는 것을 명심하세요.

두려움을 정복하는 방법은
두려운 일을 하는 것이다

He who is not every day conquering som
fear has not learned the secret of life.

매일 어떤 두려움을 정복하지 않는 사람은
인생의 비밀을 배우지 못한 것이다.

우리는 경험하기 싫은 불행한 일이 자신에게도 생길지
모른다는 생각에 두려움을 느낍니다. 누구나 하고 싶지 않은
일, 미뤄두고 싶은 일, 또는 이따금 엄습하는 일상의 크고 작은
공포가 있습니다. 그러한 공포의 원인을 제거하기 위해서는 그
일을 해냄으로써 두려움을 극복하고 삶에 대한 자신감이 붙습
니다.

우리가 두려움을 느끼는 어떤 일을 해낸다는 것은 더하

기가 아니라 빼기의 과정입니다. 어떤 일을 함에 있어 방해가 되는 일들을 하나씩 정리하다 보면 무거운 짐들이 하나하나 정리되듯 꼭 해야 할 일을 하고, 꼭 만나야 할 사람 등을 만나다 보면 두렵고 무겁던 짐들이 정리됩니다.

　　빌 게이츠는 자신의 저서 《미래로 가는 길》에서 '우리의 삶에 영향을 미칠 정보에 대해서 더 많이 알면 알수록 두려움은 그만큼 줄어들 것'이라고 말한 바 있습니다. 어떤 문제가 생기거나 처리할 일이 있으면 방치하지 말고 해결책을 생각해 보고 생각이 정리되면 바로 실행에 옮기십시오. 막상 시작하면 생각보다 어렵지 않은 경우를 우리는 흔히 경험할 수 있을 것입니다.

행운은 준비된 자의 것이다

I find that the harder I work, the more luck I have.

나는 노력을 하면 할수록 행운이 더 많이 온다는 것을 알게 되었다.

사람들은 도전을 두려워하지만 결국 자신 스스로를 믿고 도전한 사람들에 의해 정복되기 마련입니다. 인생에서 때로는 운이 큰 작용을 할 때도 있지만 이러한 행운 또한 도전하는 사람들의 차지가 됩니다. 사람들은 무작정 시간이 지나면 자신이 바라는 대로의 변화를 기대하지만 그것 또한 스스로가 변화시키지 않으면 움직이지 않는 돌부처처럼 당신을 외면합니다.

아직까지 실패를 경험해 보지 않았다거나 고행의 시간을 겪지 않았다거나 하여 스스로 위안을 삼는 사람들을 만날 수 있습니다. 그렇지만 스스로 어떤 모험도 강행해보지 않았다는 것은 실제적인 실패자일 수 있습니다. 어떠한 위험도 감수할 마음도 없으면서 자신이 원하는 그곳에 어떻게 갈 수 있는지 나는 이해할 수가 없습니다.

실패란 더 이상 전진할 수 없는 막다른 길이 아니라 그저 잠시 돌아가는 길일뿐입니다. 쓰러지느냐 쓰러지지 않느냐가 중요한 것이 아니라 다시 일어서느냐 그대로 주저앉느냐가 인생에서 당신을 실패자와 성공자로 규정합니다. 고통은 순간이지만 그대로 포기하는 순간부터 당신은 계속 패배자로 남게 될 것입니다. 실패의 경험은 보다 현명하게, 지금까지보다 더 체계적으로 다시 시작할 수 있는 기회입니다.

행운은 포기하지 않고 다시 시작할 수 있는 사람을 위해 준비된 것입니다.

기회를 찾아야
기회를 만들 수 있다

Don't wait for extraordinary opportunities.
Seize common occasions and make them great.
Weak men wait for opportunities; strong men make them.

특별한 기회가 올 것이라며 기다리지 마라.
평범한 기회를 붙잡아서 특별하게 만들어라.
약자는 기회를 기다리지만 강자는 기회를 스스로 만든다.

모든 상황이 꽉 막혀 있다는 생각이 들 때, 그때야말로 결코 포기할 시기가 아닙니다.

물은 99℃에서 1℃만 더 열을 받으면 끓기 시작합니다. 단 1℃ 차이로 끓는 물과 온수로 구분합니다. 이때가 상황이 반전되는 터닝 포인트 시점인 것입니다. 많은 사람들이 이때를 넘기지 못하고 좌절하며 무릎을 꿇습니다.

실패한 사람들은 말합니다.

"여기서 멈추는 것이 현명한 일이야. 더 이상 해보았자 고생만 하지."

하지만 대부분의 성공은 현명하게 포기하지 않고 미련하게 덤빈 사람의 몫이 됩니다.

이것저것 비교하거나 눈치를 보면서 지금 이 기회를 놓치지 마세요. 기회는 자주 오지 않습니다. 지금 이 위기를 넘어야 당신이 꿈꾸던 그곳의 풍경이 펼쳐질 수 있습니다. 당신의 미래는 오로지 지금 당신의 결단에 달려 있습니다. 자신이 이루고자 하는 인생의 모습과 방향을 정하는 것은 오직 당신만이 할 수 있는 일입니다. 당신의 미래는 운명이 아니라 당신의 선택에 의해 결정됩니다.

화난 때일수록 말을 아껴라

Man invented language to satisfy
his deep need to complain.

인간은 불평하고 싶은 욕망을 충족하기 위해 언어를 발명했다.

분노에 사로잡히면 솔직한 마음을 드러내기도 하지만 평소 사랑하던 사람에게도 가슴속에 앙금처럼 남아두었던 해서는 안 될 마지막 말을 순간적으로 내뱉어서 돌이킬 수 없는 상황을 만들기도 합니다.

세상을 살다 보면, 우리는 화를 내거나 또는 화를 낼 수밖에 없는 상황 때문에 힘들어하고는 합니다. 어찌 보면 화낼 일도 아닌데 급한 성격에 소리부터 지르거나 인상을 험악하게 하여 분위기를 깨고는 돌아서서는 얼마의 시간이 지나면 자신의 행동을 후회하기도 합니다. 이렇듯 우리는 다툼이나 분쟁이 발생했을 경우, 옳고 그름을 떠나서 감정적으로 분개하여 서로 오해를 증폭시키고 싸움을 지속하는 경우를 자주 경험하게 됩니다. 더구나 상대의 의견이 옳다는 것을 알고 있음에도 불구하고 감정적으로 상대의 의견을 무시하는 경우도 있습니다.

화가 났을 때 내뱉은 말들은 감정이 차분해지면 반드시 후회하게 되므로 말을 아끼는 것이 최선입니다.

필자는 화가 났을 때에는 침묵을 권하고 싶습니다. 침묵을 지키며 조용히 상대의 말을 듣는 행위는 대화 이상의 무게감이 있습니다. 침묵 속에서 자신의 경솔했던 점을 돌아보고 상대의 마음을 이해하는 시간이 된다면 격렬했던 논쟁의 시간이 새로운 인간관계를 형성하는 계기가 될 것입니다.

실수에서 자유로운 사람은 없다

Mistakes are always forgivable,
if one has the courage to admit them.

실수를 인정할 수 있는 용기만 있다면,
실수는 항상 용서된다.

우리는 살아가면서 정말 많은 실수를 합니다. 그리고 실수하는 것을 부끄러워하고 다른 사람의 혹시 있을지도 모르는 비난을 두려워합니다. 자신의 무능함과 부족한 점이 외부로 밝혀지는 것이 두려운 까닭입니다. 하지만 어떤 일을 추진하고 이루어나가는 과정 중에 아무런 실수를 하지 않고 단번에 성공하는 사람은 없습니다. 실수는 그 정도에 따라 뼈아픈 것일 수도 있지만 사실 그 아픔이 클수록 배울 수 있는 학습효과는 큽니다. 실수를 하며 터득한 지식들이 쌓여 결국은 큰일을 이룰

밑바탕이 되는 것입니다. 훌륭한 작품은 많은 날을 지새우며 수없이 내팽개쳐진 습작의 과정을 거치고 난 후에 탄생합니다. 대부분의 성공 또한 많은 실수와 실패를 딛고 이뤄낸 영광일 것입니다.

아무것도 하지 않는다면 실수할 일도 없습니다. 일을 하다 보면 실수를 하는 것은 흔히 있을 수 있는 일입니다. 하지만 사소한 실수가 반복된다거나 실수한 후에도 개선이 이루어지지 않는다면 인정을 받기 힘듭니다. 자신의 실수는 빨리 시인하고 개선할 방법을 모색하는 게 최선입니다. 작은 실수를 감추기 위해 계속 무리하다 보면 결국은 큰일로 비화하는 경우가 많습니다. 누가 봐도 명백한 실수를 변명하기보다는 자신의 잘못을 수용하는 편이 마음도 편하고 또한 그 실수를 통해 배울 것이 있습니다. 누구나 실수할 수 있기에 사실대로 인정하고 그것에서 무엇인가 배우려는 열의를 보인다면 생각보다 별문제가 되지 않고 무한정 비난이 쏟아지는 것이 아님을 경험할 것입니다. 세상은 어느 정도의 실수는 포용할 수 있고 또 아량도 가지고 있는 곳입니다. 실수를 두려워하지 마십시오. 누구나 실수를 할 수 있고 그것에서 자유로운 사람은 없습니다.

자신감이 최고의 무기다

Self-confidence is the first requisite
to great undertakings.

자신감이야말로 위대한 일에 착수하기 위한
첫 번째 필수사항이다.

　　일에 대한 안목과 통찰력, 낙관적인 자세는 자신감을 갖게 하는 필수요소입니다. 자신감을 지니게 되면 어떤 일을 하든지 가진 능력을 온전히 발휘할 수 있습니다.

　　현대사회에서는 외모를 중시하는 경향이 있는데 외적인 매력 역시 자신감을 갖게 하는 필요한 요소입니다. 외적으로 보여 지는 매력으로는 깨끗한 외모, 시대 감각에 맞는 의상 등 개인의 개성에 맞는 특성을 잘 살리는 감각이 필요합니다. 물론 외적 매력도 중요하지만 내면에서 우러나오는 매력은 무엇과도 비교할 수 없는 자신감의 근원이 됩니다.

　　이러한 자신감을 갖기 위한 내적, 외적 매력 역시 꾸준히 노력하고 배운다는 자세를 갖추어야 자신의 것으로 만들 수 있습니다. 자신감이 몸에 배어 자연스럽게 우러나오게 하기까지는 부단한 자기관리와 노력과 인내의 시간이 필요합니다. 성공을 위한 대부분의 과정이 인내를 필요로 한다는 공통점이 있습니다. 다시 말하지만 인내야말로 무엇과도 비교할 수 없는 큰 재능이며 매력입니다. 재능과 좋은 환경이라는 혜택이 있을지라도 인내가 없다면 아무것도 이룰 수 없기 때문입니다.

　　대한민국은 세계 젊은이들의 기술 기량을 겨루는 기능올림픽대회에서 피땀 흘려 갈고닦은 기술연마를 통해 터득한 자신감으로 세계정상의 자리를 놓치지 않습니다. 어떠한 장애물도 꾸준한 인내 앞에서는 무릎을 꿇습니다.

내가 가진 모든 것은
노력의 집합체다

To become an able and successful man in any profession,
three things are necessary, nature, study and practice.

어떤 분야에서든 유능해지고 성공하기 위해선 세 가지가 필요하다.
타고난 천성과 공부 그리고 부단한 노력이 그것이다.

　　사람의 일생이 한 500년쯤 된다면 이 분야에 한 50년 관심을 갖고 해보고, 저 분야에도 한 100년쯤 관심을 갖고 해보고 싶지만 이것저것 다 해보기에는 인간의 생의 주기는 너무도 짧습니다. 그리하여 인생에서 무엇에 관심을 갖고 노력한다는 것은 사람의 운명을 결정하는 정말 중요한 일입니다.

　　어떤 분야에 관한 관심이 그 사람의 미래를 결정하는 경우가 많습니다. 관심을 가지면 알게 되고 알면 좋아하게 되며 좋아하면 즐기면서 반복하게 됩니다. 이것이 그 분야의 전문가가 되는 보편적인 과정입니다. 하지만 사회적으로나 공공의 질서에 저해되는 가치 없는 일에 관심을 갖게 되면 사회의 정상적인 구성원으로서 인정을 받을 수 없을 뿐만 아니라 비난이 따르게 되므로 어떤 일에 관심을 갖는 것이 과연 옳은 일인가 하는 생각을 항상 간직하고 신중해야 합니다. 모든 일에는 서론, 본론, 결론의 단계가 있습니다. 사람의 일생 또한 그렇습니다.

관심은 어떤 일에 대한 서론입니다. 노력하는 과정은 본론이 됩니다. 이렇게 서론, 본론의 단계를 착실하게 거치면 경제적인 자립과 함께 자신이 속한 커뮤니티에서 인정받을 수 있는 결론의 날이 올 것입니다. 위대한 인물들의 전기를 보면 이와 같이 깊은 관심과 비상한 노력을 통해 자신의 분야에서 대가가 된 것을 알 수 있습니다.

현재 자신의 부, 명예 또는 사회적인 위치가 많은 시행착오를 거치면서 쌓은 지금까지의 나의 노력의 집합체입니다.

시련이란 허들경기와 같다

We all have a few failures under our belt.
It's what makes us ready for the successes.

살다 보면 몇 번의 실패를 겪게 됩니다.
이것이 바로 우리를 성공으로 이끌어갑니다.

꿈을 이루기 위해서는 다가오는 시련의 시기는 극복해야 할 당연한 과정입니다. 실제로 대부분의 사람들은 실패에 대한 두려움 때문에 해야만 하는 일을 시도조차 못합니다. 하지만 인간이 도저히 넘을 수 없는 고난이나 시련은 존재하지 않습니다. 성공한 사람은 자신의 실패를 한탄하는 것만으로는 자신의 꿈이, 자신의 인생이 행복해질 수 없다는 것을 깨달은 사람입니다. 주식투자에서 바닥을 쳤다는 말이 있습니다. 그 말은 곧 올라가는 일만 남았다는 말입니다. 인간은 피할 수 없는 궁지에 몰려 쫓기게 되면 새로운 가치, 즉 새로운 길을 창조하는 능력이 기본적으로 장착되어 있습니다. 그 증거로 인류는 끊임없이 발전되어 왔습니다.

인간은 시련이란 뛰어넘으라고 있는 것이지 걸려 엎어지라고 있는 것이 아님을 깨달은 유일한 동물입니다.

스웨덴 남부도시 헬싱보리에는 '실패작 박물관'이 있습니다. 할리 데이비슨 향수, 베타맥스 플레이어, 여성 전용 펜 등 세계 각국의 기업들이 야심 차게 출시했지만 기대에 못 미치고 판매가 저조했던 '실패 제품'만을 모아 전시하고 있습니다. 그곳에서는 매일 치열하게 토론이 열립니다. 왜? 실패했고 무엇을 보완해야 하는지를 분석하여 다음 제품에 대한 성공 요인을 찾아냅니다. 이곳에 실패작들을 전시한 대부분의 회사들은 현재 건실한 기업으로서 계속 발전한다는 특징이 있습니다. 그 회사들은 종업원들에게 실패해도 처벌받지 않는다는 것을 확신시켜 주기 위하여 매년 막대한 자금을 투자하고 있습니다.

실패의 시련은 허들경기와 같아서 단순하게 생각하고 넘기만 하면 됩니다.

⋮

정확한 목표를 설정하라

We cannot be sure of having something to live for unless
we are willing to die for it.

무엇을 위해 목숨을 버릴 각오가 되어 있지 않다면,
그것은 삶의 목표라고 단정할 수 없다.

    정확한 목표를 설정하면 도달하고자 하는 위치와 과정을 가늠해 볼 수 있습니다. 목표를 향해가는 과정에서 어느 정도의 수정 역시 가능하지만 목표는 어떠한 난관이라도 헤치고 나아갈 행동의 원동력이 됩니다. 자신이 설정한 목표에 도달하기 위해서는 정확한 방향성을 가지고 꾸준한 노력과 효율적으로 자원을 투입해야 원하는 결과를 얻을 수 있습니다. 즉, 자신의 소질이 무엇인지를 알고 최종적인 장기목표를 설정하여 여러 단계의 단기목표들을 성실하게 이루어나간다면 원하는 인생의 목표를 만날 것입니다.

　　인생의 목표가 정확히 설정되지 않았는데 원하는 성과가 있을 리 만무합니다. 무엇을 이루기 위해서는 우선 목표부터 세워야 합니다. 목표는 우선 장기목표를 세우고 여러 단계의 단기 목표를 설정해야 합니다. 목표를 잘게 나누면 계획이 되고, 계획을 실행에 옮기다 보면 꿈은 현실이 됩니다. 목표가 분명한 사람은 성공할 가능성이 높습니다. 그것은 자신이 어디로 가고 있는지를 확실히 알고 있기 때문입니다. 성공의 원리는 이렇게 단순하답니다.

재능을 발견하라

We are always more anxious to be distinguished
for a talent which we do net possess,
than to be praised for the fifteen which we do possess.

우리는 지니고 있는 15가지 재능으로 칭찬받으려 하기보다,
있지도 않은 재능으로 돋보이려고 안달하고 있다.

우리나라 어린이들의 모습을 보면 재능에 상관없이 옆집 아이와의 경쟁에 더 관심을 갖는 것 같습니다. 초등학교 시절 누구라도 태권도, 피아노 강습 등 사설학원에 다니지 않은 어린이를 찾아볼 수 없지만 그것에서 재능을 발견한 사람 또한 찾기가 힘듭니다. 재능을 발견할 아주 중요한 시기를 옆집 아이와의 경쟁에 소비해 버리기 때문입니다.

어떤 분야에서든 탁월한 성과를 내려면 우선 자신이 좋아하는 일을 찾는 것입니다. 그리고 왜 자신이 그 일에 관심을

갖고 있으며 그 일을 해야 하는지 분명한 이유를 알고 있어야 합니다. 이 일을 통해 자신이 이루고 싶은 꿈이 무엇인지를 설정한다면 인생의 목표를 그 일을 통해 정할 수 있습니다. 목표가 확실하다면 자신이 나아갈 길이 보이기 시작합니다. 하지만 좋아하는 일이라도 누구나 처음 일을 시작할 때는 자신의 부족함을 느낄 수 있습니다. 그렇지만 그것은 단순히 경험이 부족한 것일 뿐 적응하고 숙달되기까지는 시간과 그 일에 따르는 비상한 노력이 필요합니다. 노력에는 고통과 수고가 따르지만 이를 잊게 해주는 방법은 그 일을 즐기는 것입니다. 그것이 긴 시간일 수도 있고 짧은 시간에 자신이 원하는 것에 도달할 수도 있겠지만 무엇이라도 자신이 소유하기 위해서는 그에 상응하는 대가를 지급해야 하듯이 반드시 시간을 투자해야 한다는 것을 명심하고 그 기간을 견디며 노력해야 합니다. 이렇듯 자신이 좋아하는 일에 관심을 가지면 많이 알게 되고 많이 알면 그 일이 수월해지며 결국은 그 일에서 성공하게 됩니다.

⋮

행복의 발견

The foolish man seeks happiness in the distance,
the wise grows it under his feet.

어리석은 사람은 멀리서 행복을 찾고,
현명한 사람은 발밑에서 행복을 키운다.

소중한 것은
가까운 곳에서 찾아라

Be thankful for what you have.
you'll end up having more.
If you concentrate on what you don't have,
you will never, ever have enough.

네가 가진 것에 감사하라.
그러면 결국에는 더 많이 갖게 될 것이다.
만약 네가 갖고 있지 않은 것에 집중한다면,
너는 충분히 갖지 못할 것이다.

늘 함께한다는 것은 가장 중요하고도 필요한 존재라는 의미입니다. 하지만 우리는 그것들의 소중함을 잊고 삽니다. 귀중한 것을 절실하게 깨닫기 위해서는 잃어보면 알게 됩니다. 하지만 어떤 것은 한 번 잃으면 다시 되돌릴 수 없으니 끊임없는 관리와 정성이 필요합니다. 우리에게 너무도 당연하게 받아들였던 것들의 소중함에 대하여 생각해 보는 시간이 필요합니다.

"당신은 무엇이 가장 소중합니까?"

자신의 곁에 늘 있는 사람, 아끼는 물건이 없을 때 어떤 일이 벌어질까를 생각해 보면 그들이 또는 그것들이 자신의 인생에서 얼마나 소중한지 깨닫게 됩니다.

하지만 무엇보다도 세상에서 가장 소중한 존재는 자기 자신이라는 것을 잊으면 안 됩니다. 아무리 소중한 것이라도 자신이 있기 때문에 존재하는 것입니다. 세상의 중심은 자기 자신이라는 것을 명심하십시오.

열심히 일했다면 자랑해도 된다

The best way to appreciate your job
is to imagine yourself without one.

당신의 일에 대해 감사하는 최고의 방법은
일자리가 없는 것을 상상해 보는 것이다.

일자리가 없으면 추울 때 추운 곳에서 지내야 하고 더울
때는 더운 곳에 있어야 하는 기본적인 어려움이 따르겠지만 무
엇보다 가장 큰 괴로움은 사회의 구성원으로서 자신의 역할이
없다는 자괴감일 것입니다. 제 역할을 못하는 상황만큼 사람의
정신을 피폐하게 하는 것도 없습니다.

경제력이 없으면 가정에서나 사회의 구성원으로서 인정
받을 수 없으며 인간으로서의 인격조차 무시될 수 있습니다.
이러한 현실에서 자신에게 주어진 일자리가 있다는 것은 어느

정도의 안정적인 생활과 소소한 즐거움의 원천이 되고 경제적인 빈곤으로부터 자유로움을 주는 일이 있음에 감사할 필요가 있습니다. 가정의 생계를 책임지고 있는 사람이 최소한의 경제력을 갖추지 못하면 사랑조차도 창문으로 들어왔다 현관문으로 나가게 마련입니다.

특히 가정의 구성원들에게 존경과 인정을 받기 위해서는 기본적으로 경제력의 유무가 기준이 되는 경우가 있습니다. 자녀들에게 열심히 일하는 부모의 모습은 그 어떤 교과서보다, 그 어떤 훈계보다도 훌륭한 교육이 됩니다. 가족들에게 "우리가 지금 물질적으로 풍요를 누리고 있는 건 엄마·아빠가 열심히 노력해 이뤄 낸 것"이라며 자랑해도 됩니다. 열심히 일한 당신은 충분히 그럴만한 자격이 있습니다.

성공한 인생이란

If you have lived well, laughed often, and loved much,
consider yourself a success.

잘 살아왔고 자주 웃었고 사랑도 많이 했다면,
당신은 성공한 사람이라고 생각하라.

성공의 기준은 계속 변하고 있는데 우리나라는 아직도
경제적인 부를 얻어야 만이 성공이라고 생각하는 것처럼 보입
니다. 과연 성공이 무엇을 의미하는지 다시 한 번 생각해 봐야
할 필요가 있는 것 같습니다. 물론 가슴속에 품은 꿈을 이루기
위해 최선을 다해야겠지만 그렇다고 해서 지금 누릴 수 있는
소소한 일상의 즐거움들을 놓치고 산다면 그것이 진정 성공한
인생이라고 할 수 있을까요?

진정한 성공이란 행복을 만끽하면서도 자신이 원하는

활동을 위해 여가를 내어 질 좋은 시간을 보낼 수 있는 삶이라고 생각합니다. 현대인들의 삶의 풍경은 예전과는 많은 변화가 있습니다. 무작정 열심히 일하는 것보다는 창의적인 노력이 성공의 지름길인 시대입니다. 얼마나 멀리 가느냐보다는 자신이 가고 있는 길이 올바른 길인가를 생각하는 것이 성공한 인생의 기준이 되어야 하지 않을까요.

사랑한다면 자유롭게 하라

If you love somebody, let them go,
for if they return, they were always yours.
And if they don't, they never were.

당신이 누군가를 사랑한다면 자유롭게 가도록 하라.
왜냐하면 그들이 돌아오면 그들은 항상 당신의 사람이기 때문이다.
돌아오지 않는다면 그들은 결코 당신의 사람이 아니었기 때문이다.

사람의 감정은 변하기 쉬운 것이기에 구속하려고 하면 할수록 반발의 에너지도 함께 커집니다. 상대의 자유의지를 존중하면서 사랑의 본질적인 속성인 끊임없는 관심과 아낌없는 정신적, 물질적 투자가 지속되어야 합니다. 그래도 자신이 사랑하는 사람의 그 마음을 소유할 수 없다면 그것은 본래 내 것이 아니라고 기꺼이 놓아줄 수 있는 용기도 있어야 합니다. 모든 투자가 꼭 회수되지 않는 것처럼 사랑도 마찬가지입니다.

사랑도 확인절차가 필요합니다. 진정으로 남을 사랑할 수 있으려면, 자기만을 생각하는 이기적인 욕심을 버려야 합니다. 사랑한다면 그 사람을 진정으로 사랑하는지를 스스로 점검해 볼 필요가 있습니다. 흔히 우리는 남을 사랑하고 있다고 생각하고, 자신의 사랑을 상대에게 나의 사랑은 조금도 거짓이 없는 진실이라는 것을 믿게 하려고 강요합니다. 사랑은 결코 강요로 성립될 수 없는 본성을 가지고 있습니다. 부질없는 집착은 서로의 가슴에 돌이킬 수 없는 상처를 남깁니다. 사랑한다면 상대에게 자유를 베푸는 마음이 필요합니다.

행복해지는 것도 습관이다

Everything you need to make you happy is inside you.

행복해지기 위해 필요한 모든 것은 바로 당신 안에 있다.

누구나 행복해지고 싶다는 바람을 갖고 살아갑니다. 산다는 것은 행복을 획득하기 위한 과정의 연속이라고 해도 틀린 말이 아닙니다. 행복을 기대하고 그것을 향해 최선을 다해야 하지만 행복을 추구하는 것 또한 정의와 규범에 어긋나는 일이 있어서는 안 됩니다.

불행한 사람들의 기본적으로 장착된 생각은, 세상을 적극적으로 변화시키기보다 세상이 자신의 존재를 알아주지 않는다고 화를 내고 불평과 불만으로 살아갑니다.

행복한 가정과 불행한 가정을 지켜보면 뚜렷하게 그 차이점을 알 수 있습니다. 행복의 즐거움을 누리는 데 익숙해진 가족은 행복을 어떻게 얻는지 체득하고 있습니다. 행복한 가족에게도 불행한 일은 일어날 수 있습니다. 하지만 대처하는 방법이 다릅니다.

행복한 가족은 화목하다 보니 협력에 의해 불행한 일을 상당 부분 예방할 수 있습니다. 그들은 사랑으로 함께함에 감사하는 마음으로 살기 때문에 자신들이 해야 할 일을 스스로 행합니다. 하지만 불행한 가족은 안타깝게도 행복을 누리는 것이 낯설고 두렵다는 생각에 사로잡혀 있습니다. 이렇듯 행복한 가족은 서로 닮았지만, 불행한 가족은 불행한 이유도 제각각입니다.

세상은 누구에게나 똑같이 주어졌지만 누가 더 가치 있고 행복하게 사는가 하는 것이 다른 점일 뿐입니다. 행복해지는 것도 마음 안에서 이루어지는 일이며 습관입니다.

행복할 이유는 아주 많습니다

Everything you need to make you happy is inside you.

행복해지기 위해 필요한 모든 것은 바로 당신 안에 있다.

모든 사람에게 있어서 산다는 것은 행복을 찾기 위한 과정의 연속입니다. 그 과정에서 행복의 기준은 당연히 자신이어야 합니다. 자기의 행복을 바라는 마음이 없이 남의 행복만을 위한다는 것은 있을 수 없는 일입니다. 현명한 사람은 자신의 행복을 소중히 여기되 다른 사람의 행복 또한 존중할 수 있는 사람입니다.

아기를 목욕시키며 행복해하는 엄마, 처지가 어려운 사람들을 도우며 기쁨을 느끼는 자원봉사자, 사람들에게 아름다운 감동을 주기 위해 작품을 만들며 희열을 느끼는 예술가 등 행복해하는 그들의 표정을 보면, 행복이란 이런 일련의 활동에서 느끼는 아주 쉽게 만날 수 있고 언제나 우리 곁에 존재하는 것은 아닐까 하는 생각을 하게 됩니다. 어떤 직업은 사회적 평가와 실질적인 소득이 그다지 높지 않은데도 큰 만족을 주기도 합니다. 주로, 다른 사람에게 꼭 필요한 존재가 되고 자신의 분야에서 타인의 인정을 받는 달인이 되었을 때 이러한 경향이 두드러집니다. TV 등에서도 소개되고 있지만 접시 빨리 정리하기, 피자 크게 만들기 등 그들에게선 자신이 속한 직업의 명예를 지킨다는 자부심이 엿보이며, 그들의 그러한 만족감이나 행복감은 그들과 같은 입장이 되지 않고서는 이해하기 힘든 부분이 있을 것입니다. 하지만 그들에게서 행복한 눈빛을 볼 수 있는 이유는 작은 것이라도 다른 사람에게 베풀 줄 아는 일 속에서 찾을 수 있습니다.

그들은 언제나 마음의 여유가 있기 때문에 다른 사람들에게 관대할 뿐만 아니라 마음이 부자이기 때문에 무엇이든지 베풀 수 있는 것입니다. 그들에게 행복은 단지 자신의 행위에서 부수적으로 얻는 부산물일 뿐입니다.

일상에서 발견하는 삶의 기쁨

Joy is not in things; it is in us

기쁨은 사물 안에 있지 않다,
그것은 우리 안에 있다.

미국의 심리학자인 레스 브라운은 "인간의 욕망은 어느 정도 충족되어도 또 다른 욕구를 만들고 영원히 해소되지 않는 불만을 지니고 있다."고 말했습니다.

욕구불만은 부족한 생활에서만 일어나는 현상이 아닌 것 같습니다. 경제적으로 부족한 점이 없는 사람에게도 자신의 욕구를 채우지 못해 고뇌하는 현상을 흔히 볼 수 있습니다. 요즘 각종 매스컴에 오르내리며 사회적인 비난을 온 가족이 받고 있는 대한항공 오너일가의 갑질 행태를 보며 사람들은 '그들이

뭐가 부족해서 저럴까'하는 마음과 한편으로는 행복의 본질이 경제적인 부가 아니라는 것을 느낄 수 있습니다. 필자는 이들의 의미도 없는 갖가지 행위를 부족한 것의 고통을 모르고 모든 것이 풍족한 상태에서 오는 허무함을 해소할 곳이 없는 것에서 찾아보았습니다. 자신들에게 주어진 경제적인 축복을 감사한 마음으로 받아들일 줄 모르고 그것을 감당할 수 없게 된 사람들이 그것에 부딪쳐 폭발하는 충동적인 행위라고밖에는 이해할 수 없습니다.

현대인들은 행복한 삶이 될 것이라며 끊임없이 노력하여 그토록 바라던 삶이 풍족해졌지만 산다는 것이 힘들고 모든 물자가 부족했던 그 시절과는 또 다른 형태의 부족과 불만이 생겨나고 무엇인지 모를, 불확실한 그 무엇을 또다시 쟁취하기 위해 허우적거립니다. 이러한 패턴의 행위가 반복되는 이유는 자신이 힘들게 점령한 위치에서 또 다른 높은 곳에 존재하는 그곳을 바라보기 때문입니다. 그래서 자신이 공들여 노력해서 달성한 성과물에 대해서 허무감을 느끼는 것입니다. 때문에 이러한 허무감을 극복하기 위해서는 진실을 느끼며 살아가는 길을 찾아야 합니다. 바쁜 생활 중에도 자신과 주위를 돌아볼 수 있는 여유가 필요합니다.

여유를 갖고 돌아보면 행복은 생각보다 가까이에 있다는 것을 알 수 있습니다. 자신이 좋아하는 사람에게선 무엇이든 좋은 점만 보이듯이 인생을 감사한 마음으로 살아가면 세상은 온통 축복이고 환희로 가득합니다. 하루하루가 기쁨인 것입니다. 일상에서 기쁨과 아름다움을 발견하려는 자세를 가지면 하루가 편안해집니다. 개운하게 편한 잠을 자고 아침에 잠자리에서 일어나는 것, 일터가 있어 출근하는 것, 사랑하는 사람들과 음식을 나누고 환담을 하는 것 등 기쁨과 감사의 조건은 찾으려면 끝이 없습니다. 가족이나 친구 혹은 가까운 사람과의 관계가 불편했다면 피하려 하지 말고 그들을 다시 한 번 사랑하려는 마음을 갖도록 노력해 보세요.

우리는 불행 앞에서야 비로소 행복을 바라볼 수 있게 됩니다.

"이번 일만 잘되면 내가 바라는 것은 아무것도 없어."
"이 빚만 해결된다면 정말 세상에 감사한 마음으로 착하

⋮

게 살 거야."

"우리 아들 병만 나을 수 있다면 불구덩이라도 뛰어들 수 있어."

이렇듯 행복이란 불행이라고 생각했던 것들을 극복하는 과정에서 생기는 부산물 같은 것이라는 생각이 들 때가 있습니다. 일상에서 기쁨을 누리는 가장 좋은 방법은 매사에 감사하는 마음을 갖는 것입니다. 자신에게 주어진 모든 일에 감사하는 마음은 하루하루의 일상을 기쁨으로 채울 것입니다. 일상에서 자신의 행복을 찾아보는 여유는 꼭 필요합니다.

가진 것에 마음을 다하라

Be thankful for what you have,
you'll end up having more,
If you concentrate on
what you don't have,
you will never, ever have enough.

당신이 가진 것에 감사하세요.
그러면 결국 더 많이 갖게 될 것입니다.
만약 당신이 갖지 못한 것에 집중한다면,
당신은 절대로 충분히 갖지 못할 것입니다.

KTX를 타고 창밖을 바라보면 속도가 너무 빠르기 때문에 스쳐 지나가는 풍경을 제대로 감상할 여유도 없이 사라져버립니다. 이처럼 우리의 삶 역시 너무나 바쁜 나머지 소소한 일상의 슬픔과 기쁨, 불행에 마음을 쓸 겨를도 없이 지나가는 것 같다는 느낌을 받을 때가 있습니다. 그렇게 무심히 의미 없이 흘려보낸 삶에서 허무함을 느낍니다. 사람은 세상일이 너무나 바쁘다 보면 사소한 것에 신경을 쓰지 못해서 '잊어버리는' 현상이 생깁니다. 흔히 소지품을 잘 챙기지 못하고 아무 곳에나 떨어뜨리고 다녀서 당황하는 경우가 생기곤 합니다.

현대사회의 경쟁적인 구조가 사람들로 하여금 조급한 마음을 갖게 하는 원인이 되고 있지만 그런 현실이기 때문에 그만큼 인간적인 정서를 요구하는 시대이기도 합니다.

중국 전국시대 때, 공자가 여러 나라를 다니며 여행하고 귀국해서 태수인 애공에게 여행에서 있었던 일을 말했습니다. 그러자 애공도 스승의 부재중에 있었던 일을 말했습니다.

"스승님께서 이곳에 안 계신 동안 먼 지방의 관리관으로 임무를 맡긴 신하가 있었습니다. 그자는 무척 건망증이 심했는데 부임지로 가는 도중 부인을 깜박 잊고 집에 둔 채 가는 것을 알고는 되돌아오지 않았겠습니까?"

애공의 말을 듣고 공자는 조금도 웃질 않고 자세를 고쳐 앉으며 말했습니다.

"자기 아내를 집에 둔 채 갔을지라도 그것은 반드시 생각이 나서 데리러 올 일이니 크게 걱정할 건 못되는 것입니다. 그러나 가장 소중한 자기 자신을 어딘가에 버려둔 채 까맣게 잊고 방치해 두고 있는 것이 바로 우리가 사는 이 시대의 모습이 아니겠습니까?"

공자가 죽은 지 2,500여 년이 지났지만 지금을 사는 현대인 또한 공자가 지적한 대로 자신의 존재를 잊고 사는 것 같습니다. 자신을 잊고 사는 것은 자기를 포기하는 것, 즉 자포자기인 것입니다. 바쁘다고 해서 자신을 돌아볼 여유도 없이 방치해 버린다면 의식도 하지 못하는 사이에 자기 자신의 존재가 모호하게 됩니다. 자기 자신이 자신이 아닌 것으로 되어 버린다면 인간으로 태어난 값진 의미와 보람은 어디에서 찾아야 하겠습니까?

결혼은 쉽더라도,
가정을 꾸리기는 어렵다

The reason that husbands and wives
do not understand each other is because
they belong to different sexes.

남편과 아내가 서로를 이해하지 못하는 이유는,
성별이 다르기 때문이다.

결혼한 여자들은 결혼한 이상, 남자의 변화를 기대합니다. 또한 어느 정도의 기간 동안 남자는 여자의 기대에 부응하는 듯합니다. 하지만 대부분 그 시간은 그리 길지 않습니다.

남자의 이상이 자신이 추구하는 바와 맞지 않는다고 그것을 자신의 이상과 맞추려는 생각은 하지 않는 편이 좋습니다. 사랑으로 맺은 결합이지만 그것이 늘 사랑스럽고 아름다움이 영원할 것으로 생각해서는 실망하게 될 경우가 많습니다. 모든 것은 변합니다. 그 변화가 자연스럽다는 것을 인정하고 기대치를 낮추어야 실망하지 않게 됩니다. 결혼은 권리보다는 의무가 더 커지는 행위입니다. 행복한 결혼 생활을 위해서는 사랑을 너무 고차원적인 차원에서 바라보면 크게 실망할 수도 있습니다.

부부는 무엇인가 서로의 합작품을 만들어 내기 위해 끝없이 다투면서 불화를 만듭니다. 하지만 애정으로 화해를 합니다. 그리고 또 다른 차이점을 만들어내고 합의점을 찾아내고 다시 화해합니다. 이와 같이 생각이 서로 다른 남자와 여자가 그 차이를 좁혀가는 과정이 자연스러운 가정의 풍경입니다. 날카롭던 바위가 부드러운 강물에 오랜 세월을 마찰함으로써 부드럽게 변해가듯이 부부 또한 서로 다름을 인정하고 감싸줌으로써 닮아가는 것입니다. 하지만 상대의 결점을 들추어내어 자신의 존재를 부각시키려 할 때는 평화로운 가정은 유지될 수가 없습니다. 마치 그곳은 치열한 전투가 벌어지는 전쟁터를 방불케 합니다. 이기적인 마음으로 상대를 배려함이 없는 가정에는 추운 겨울날 갈 곳 없이 방황하는 것처럼 그렇게 삭막할 수가 없습니다.

대개 남자들의 속성은 끊임없이 가정과 자신의 성공을

위하여 무언가를 창조해 내려는 이상적인 면이 강하고, 여자들은 현실적인 시각이 발달되어 있습니다. 이처럼 결혼을 한 부부가 평화로운 가정을 이루어가기 위해서는 서로의 다름을 인정하는 조화로운 결합에 있습니다. 남자들이 이상적인 꿈을 향하여 불도저처럼 밀고 나갈 때 여자들은 끊임없이 남자들이 서 있어야 할 현실의 자리를 재확인시켜 줍니다. 속도를 중요하게 여기는 남자와 방향을 중시하는 여자가 가정생활을 활기차게 꾸미는 것은 창조적인 행위처럼 감동을 줍니다.

적당한 지출은 필요하다

A man that hoards up riches and enjoys them not,
is like an ass that carries gold and eats thistles.

재산을 축적만 하고 즐기지 않는 사람은 금(金)을 운반하면서
엉겅퀴를 먹는 당나귀와 같다.

재물을 쌓는 것에만 온갖 재미를 찾고 자신과 남을 위해
서는 조금의 인정도 베풀지 않는 사람들이 있습니다. 사람의
욕심은 언제나 자기에게 부족한 것만을 생각하게 하고 다른 사
람의 부족은 느끼지 못합니다. 욕심을 쫓아서 사는 사람은 부
족한 사람과 나누는 삶의 행복을 느낄 수 없습니다. 막대한 재
산을 요행히 끝까지 지킨다 해도 이승을 떠날 때 가지고 갈 수
없습니다. 비록 굳건히 자신의 재산을 지키고 만족을 얻었다
해도 어찌 보면 그것은 아주 잠시, 결국은 남에게 주지 않으면

안 되는 상황이 올 때까지 자신이 맡아 관리하는 것에 불과합니다. 내일, 아니면 잠시 후에 찾아올지도 모르는 죽음 앞에서는 반드시 놓아주어야 하는 것입니다.

2017년 삼성전자 권오현 회장의 연봉이 244억이라고 합니다. 약 200만 명의 실업자가 있고, 25%가 급여 200만 원 미만이며, 77만 원 세대라는 자조 섞인 국민의 한탄이 있는데 아무리 자본주의 사회라지만 한 사람이 만 명이 일해야 벌 수 있는 돈을 혼자 가져갈 수 있나? 하는 자괴감을 느끼지 않을 수 없습니다. 이렇듯 한 사람이 불필요하게 너무 많은 것을 소유하고 있다면 다른 많은 사람들은 절실하게 필요한데도 부족한 생활을 영위하고 있다는 것입니다. 자신의 경제적 위치에 맞는 기부를 하고 사회적 통념 안에서 쓸 줄도 알아야 합니다.

세계적인 여배우 엘리자베스 테일러는 자신의 전 재산을 사회에 기부하며 다음과 같은 말을 남겼습니다.

"더 나은 세상을 만드는 일이 아니라면 나에게 이 많은 돈이 무슨 소용이냐?"

결혼할 상대를 찾는 일

What counts in making a happy marriage
is not so much how compatible you are,
but how you deal with incompatibility.

결혼생활은 서로 얼마나 잘 맞는 것이 아니라,
서로 다른 점을 어떻게 조절하는 것에 의미가 있다.

진정한 사랑은 자기 자신을 보기 좋게 포장하고 다른 사
람들이 보기에 좋아 보이도록 말로 하는 것이 아니라 그저 묵
묵히 실천으로 보이는 것입니다. 특히 부부생활을 하다 보면
아내는 남편보다 사소한 것까지 세세하게 걱정을 많이 하는 경
향이 있습니다. 이러한 아내의 마음을 보살펴 주는 것이 남편
으로서 할 일입니다. 사랑은 눈으로 볼 수는 없지만 마음으로
보면 보입니다. 한 순간의 감정으로 사랑에 빠지는 것은 세상
에서 흔하고 쉬운 일이지만 결혼을 전제로 사랑을 한다는 것은

세심한 주의를 필요로 합니다. 기본적으로 사랑에 빠지는 대상이 단 한 사람이어야 한다는 것입니다. 생이 다하는 순간까지 오직 나의 사랑은 당신만을 향하고 그것을 유지하겠다는 각오가 있어야 합니다.

심사숙고한 후, 그래도 상대와 함께 행복한 인생을 살만한 요건을 갖추었다고 판단하면 지금 당신 앞에 서 있는 그 사람을 결혼 상대로 맞으십시오.

이 세상에서 당신은 평범한 한 사람일지 모르지만 서로에겐 세상의 모든 것이 되는 일입니다.

겁이 많은 사람은
사랑을 드러낼 능력이 없다

If you love someone, you say it, right then, out loud.
Otherwise, the moment just passes you by.

당신이 누군가를 사랑한다면 그 즉시 크게 말하라.
그렇지 않으면 그 순간이 당신을 바로 지나쳐버린다.

사랑하는 사람의 마음을 얻지 못해 고민하는 사람들을 보면, 진솔하게 마음을 열고 솔직하게 고백을 하지 못하는 경우가 많습니다. 고백한 후에 받을 상처가 두렵기 때문입니다. 아름다운 미인이 솔로가 많은 이유이기도 합니다. 언젠가 마음에 담고 있던 여인이 아무리 생각해도 나보다 나을 것 같지 않은 남자와 다정하게 팔짱을 끼고 사랑스러운 눈길을 주고받는 것을 부러운 눈으로 바라본 기억이 있습니다.

사랑도 용기 있는 자가 누릴 수 있는 특권입니다. 좋아하는 사람이 있으면 자신의 마음을 먼저 열어 보여야 합니다. 그래야 실패하더라도 후회가 남지 않게 됩니다. 자신의 마음을 열어 상대방의 마음의 문을 열지 않는 한 사랑을 얻을 수 없습니다.

뚜껑이 단단히 닫혀 있는 병에서는 아무리 흔들어 댄다 해도 한 방울의 물도 흘러나오지 않습니다. 아무리 상대를 향한 사랑의 마음이 가득 차 있다고 해도 스스로 출구를 열지 않는 한 마음을 절달할 방법을 찾을 수는 없습니다.

'말을 해도 좋을까 사랑하고 있다고
마음 한번 먹는데 하루 이틀 사흘
돌아서서 말할까 마주 서서 말할까
이런저런 생각에 일주일 이주일
맨 처음 고백은 몹시도 힘이 들어라
땀만 흘리며 우물쭈물 바보 같으니
화를 내면 어쩌나 토라지면 어쩌나
눈치만 살피다가 한 달 두 달 석 달
맨 처음 고백은 몹시도 힘이 들어라

땀만 흘리며 우물쭈물 바보 같으니

눈치만 살피다가 일 년 이 년 삼 년

눈치만 살피다가 흘러간 한평생'

〈맨 처음 고백〉이란 제목으로 포크 가수 송창식이 노래한 곡의 가사입니다.

사랑한다면 표현해야 그토록 바라던 세상이 열립니다. 사랑한다고 고백하는 순간이 상대를 향해 내 마음을 열어 보이는 순간이기 때문입니다. 소중하게 간직했던 내 사랑의 주인공이 그대였노라고 숨겨두었던 마음의 문을 여는 것입니다. 어쩌면 그로 인해 깊은 상처를 받을지도 모르지만 그렇기 때문에 용기가 필요한 것입니다.

고백을 한 후부터가 사랑을 쟁취하기 위한 시작점이 됩니다. 인생의 모든 좋은 것이 그렇듯이 사랑도 쟁취해야지 저절로 주어지지는 않습니다.

사랑은 새로운 사랑을 낳는다

아버지가 자녀를 위해 할 수 있는 가장 중요한 일은
그들의 어머니를 사랑하는 것이다.

사랑은 바람과 같아서 보는 것이 아니라 느끼는 것입니다. 하지만 사람들은 사랑의 실체를 확인하기 위해 무리한 요구를 하곤 합니다. 나를 얼마큼 사랑하느냐고, 왜 나를 믿지 못하느냐고 말입니다. 하지만 사랑을 아름답게 가꾸고 유지하기 위해서는 서로가 얼마나 멋지게 어울리는지에 있는 것이 아니라 서로 다른 점을 어떻게 잘 조절하는가에 있습니다.

사랑에 빠진 사람들은 누구나 상대에게 가슴을 열어 자신의 애절한 사랑을 보여줄 수 있다면 보여주고 싶습니다. 그리고 이렇게 말하고 싶습니다.

"보이지 않나요? 내 안에 얼마나 많은 당신을 향한 사랑이 담겨 있는지를, 내 가슴엔 당신밖에 들어 있지 않은 것을요."

사랑은 새로운 사랑을 낳습니다. 어린 시절 우주에서 가장 키가 크고 힘이 센 영웅이었던 아버지, 자신의 모든 것을 감싸주는 어머니. 유년 시절의 기억은 평생 가슴에 남아 자존감을 형성하는 밑거름이 됩니다. 부모의 헌신적인 사랑, 화목한 모습, 아름다운 기억은 가슴속에 온전히 남아 자녀들이 성장하여 행복한 부부생활을 누릴 수 있게 하는 굳건한 토대와 자양분이 됩니다. 이기는 경험처럼 사랑의 경험 또한 새로운 사랑을 낳습니다.

부모로서 자녀들에게 사랑에 대해 말할 기회가 있다면 나는 다음과 같은 말을 들려주고 싶습니다.

"진정한 사랑은 자기 자신을 크게 확대하고 자기 사랑을 다른 사람들이 보기에 좋게 이야기하는 것이 아니라 말없이 묵묵히 행동으로 실천하는 것이다."

자녀에게 단 한 가지의 재능을 물려줄 수밖에 없는 상황이라면 사랑을 보여주세요. 물려줄 수 있는 정신적 유산 중 이보다 더 소중한 것은 없습니다.

합리적인 자신감을 가져라

Believe in yourself!
Have faith in your abilities!
Without a humble but reasonable confidence
in your own powers
you cannot be successful or happy.

자신을 믿어라!
자신의 능력을 신뢰하라!
겸손하지만 합리적인 자신감 없이는
성공할 수도 행복할 수도 없다.

우리나라의 현실은 너나 할 것 없이 녹록지 않습니다. 특히, 자영업자의 비율은 OECD 국가 중 가장 높습니다. 자영업자가 많다는 것은 그만큼 안정적인 일터가 부족하고, 퇴직하는 사람들이 아직도 길게 남은 여생의 삶을 유지해야 할 방도를 찾는 중에 자의 반 타의 반으로 쉽게 뛰어들 수 있기 때문입니다. 청년들 또한 취업의 문이 워낙 좁고 힘들다 보니 창업 외에는 선택의 여지가 없습니다. 이러한 상황이다 보니 폐업률이 창업률보다 앞서는 현상이 나타나고 있습니다. 부푼 꿈을 안고 시작한 창업이 절망의 시간으로 바뀌는 시간, 즉 누군가의 생애가 담긴 퇴직금이, 젊은이들을 재기 불능의 나락으로 몰아넣는 시간이 평균 2년이 되지 않는다고 합니다. 그럼에도 창업에 성공하여 안정적으로 사업을 키워나가는 사람 또한 분명히 있습니다.

그들의 특징은 맹목적인 행동은 자제하고, 철저한 상권 분석과 시대와 지역에 맞는 아이템을 선정하여 합리적인 자신감으로 최선을 다한다는 공통점이 있습니다.

좋은 친구를 둔 사람이
제일 좋은 대통령 후보 아니겠습니까?

What is a friend? A single soul dwelling in two bodies.

친구란? 두 개의 몸에 깃든 하나의 영혼이다.

그 사람을 알기 위해서는 친구를 보라는 말이 있습니다. 이렇듯 친구는 품성이나 행동, 가치관 등에서 공통적인 면이 많습니다. 친구는 기쁨은 진정으로 축복하고 슬픔은 아낌없이 나눕니다. 또한 진심으로 친구의 잘못에 대한 질책도 합니다. 잘나서가 아니라 진정한 마음으로 걱정하기 때문입니다. 웬만큼 친한 사이가 아니면 잘못을 지적하기란 쉽지 않습니다.

친구는 세상을 살아가며 외로울 때나 괴로울 때 부담 없이 기댈 수 있고, 고민거리를 스스럼없이 털어놓고 의논할 수 있으며, 나의 존재를 나 못지않게 이해하고 관심을 가져주는 사람입니다. 하지만 좋은 친구를 얻는 행운 또한 자신이 만드는 것입니다. 자신의 생각과 행동을 올바르게 사용한다면 주위에 그와 같은 생각과 행동을 하는 사람들이 모일 것이고, 그중에서 당신의 삶을 풍요롭게 할 친구를 만날 수 있을 것입니다.

2002년 민주당 대통령 후보 경선 당시 노무현 후보의 연설을 기억하고 있습니다.

"문재인을 제 친구로 둔 것을
정말 자랑스럽게 생각합니다.
나는 대통령감이 됩니다.
나는 문재인을 친구로 두고 있습니다.
제일 좋은 친구를 둔 사람이
제일 좋은 대통령 후보 아니겠습니까?"

노무현 후보의 연설에서 그의 친구에 대한 신뢰와 자부심을 느낄 수 있습니다.

정부는 국가의 주인이 아니다

The happiness of society is the end of government.

사회의 행복이 정부의 목표다.

존 애덤스(John Adams)는 혼란한 미국 독립 시기에 제2대 미국 대통령으로 선출되었습니다. 그는 정부의 목표는 국민의 행복이라고 정의하였습니다.

국가와 정부는 개념부터가 다릅니다. 정부는 국가의 행정조직일 뿐이며 그 조직을 잘 이끌 사람을 우리는 대통령이라는 직책을 주어 막강한 권한을 위임합니다. 대통령은 국민을 위해 봉사하는 머슴입니다. 하지만 불행하게도 우리나라는 권력을 국민으로부터 위임받은 자들이 자신들의 본분을 망각한 채 온갖 만행을 저질렀음을 역사가 증명하고 또한 생생하게 보고 느꼈습니다. 국민들을 사지에 남겨둔 채 한강 다리를 끊고 도망가고, 부당한 정부에 항거하는 국민들을 잡아 가두고 고문하고 사형까지 시켰습니다. 군인의 신분으로 국민의 평화를 지키기 위해 쓰일 총부리를 국민을 향해 쏘아댔습니다. 국민을 무시하고 정권을 잡은 것을 마치 왕이 된 것으로 착각하여 전제군주 시대에나 있음 직한 향락을 즐기고 국가기관을 마치 회사를 운영하듯이 개인적으로 이용하였습니다.

국민의 행복을 지키기 위해 존재하는 국가권력을 자신들의 탐욕스러운 정권 유지를 위해 사용한 것입니다. 그들은 국민의 종복이 아니라 주인행세를 하였던 것입니다. 국가는 국민을 위해 존재하고 정부는 국민의 행복을 위해 봉사하는 조직입니다. 인간은 사회적, 정치적 동물이며 국가 없이는 평화로운 삶을 보장받을 수 없고, 국가는 국민의 평화로운 삶을 지켜줄 안전한 울타리이며 최후의 보루입니다. 우리 대한민국의 국민도 이제 목표가 국민의 행복인 정부를 만나고 싶습니다.

문화적인 침투가 효과적인 이유

In a gentle way, you can shake the world.

부드러운 방법으로, 세상을 흔들 수 있다.

한류(Korean wave)의 대표 격인 K-Pop은 아시아에서의 인기를 넘어 이제는 세계적인 현상(phenomenon)이 되고 있습니다. 얼마 전까지만 하더라도 곧 전쟁이 터질 것 같은 긴장된 분위기의 남북문제가 급속히 평화 분위기로 돌아서고 있습니다. 문화는 충격과 흡수와 통합의 과정을 거쳐 진보합니다. 남과 북의 예술단 공연에서 확인할 수 있듯이 대중문화야말로 이질적인 문화 차이를 가장 빠르고 가장 효과적으로 극복할 수 있는 가장 좋은 수단임을 우리는 똑똑히 보았습니다. 북에서 울려 퍼지는 남한 가수들의 노래는 핵폭탄을 능가하는 힘이 있습니다. 싸이의 〈강남스타일〉이 북한 땅에 울려 퍼졌으면 좋았겠지만 북한 입장에서는 갑작스러운 대중문화의 침투에 두려움을 느꼈을 겁니다.

문화가 폭력적이고 소란하면 국가는 자구책으로 그러한 소동을 진압합니다. 하지만 부드럽게 다가가면 경계를 풀고 서서히 변합니다. 전쟁을 통한 정복보다 문화적인 침투가 훨씬 효과적인 이유입니다.

문화는 마치 물과 같습니다. 물처럼 부드러운 것이 없지만 한순간에 모든 것을 집어삼킵니다.

뭉치면 기적이 일어난다

We are a people who can bring about miracles if united.

우리는 뭉치면 기적을 만들어낼 수 있는 사람들입니다.
- 노무현 Moo hyun Roh

우리 민족의 운명과 역사는 지리적 환경에서 벗어날 수가 없었습니다. 하지만 주변 강대국들의 끊임없는 침탈을 겪으면서도 우리의 전통을 이어오며 동방의 작은 나라에서 세계의 주목을 받는 중심권으로 이동하고 있는 것은 전적으로 우리 민족의 단결과 우수한 국민성 이외에는 달리 설명할 길이 없습니다. 지금은 국제정세의 변화가 급변하는 시대입니다. 앞으로의 국가운명 역시 국민의 화합을 이루어 내지 못한다면 순조로운 국가운영은 안정을 보장할 순 없습니다. 세계 각국의 변화

사이클이 훨씬 급변하고 있으며 우리 주변의 국가들이 온통 그 변화의 중심에 있는 강대국들인지라 주변 국가들의 정세에 발 빠르게 대처하지 않는다면 언제 국가적 위기가 닥칠지 알 수 없습니다. 하지만 우리는 역사적으로 위기를 잘 극복하고 오늘 날 세계의 IT 강국으로 우뚝 섰습니다. 이는 우수한 국민성과 근면으로 뭉친 결과입니다. 앞으로도 이를 잘 활용하면 우리에게 유리한 국면이 전개될 것입니다. 특히 우리나라가 큰 복이 있는 나라인 것은 역사의 혼란기를 잘 대처할 훌륭한 지도자를 맞이했다는 것입니다. 훌륭한 지도자란 국민에게 감동을 주어 국민을 한마음으로 뭉치게 하는 사람입니다.

epilogue

긴 여행에서 돌아온 듯합니다.

오랜 시간 이 책 생각으로 하루를 시작하고 마무리하는 나날을 보냈습니다.

며칠, 내가 나에게 아무 생각 없이 쉴 수 있도록 포상휴가를 주어야겠습니다.

수고했어, 오늘도

내일도 화이팅!

수고했어 오늘도
내일도 화이팅